高校智慧图书馆与阅读推广研究

薛欢雪 著

吉林出版集团股份有限公司 | 全国百佳图书出版单位

图书在版编目（CIP）数据

高校智慧图书馆与阅读推广研究 / 薛欢雪著. -- 长
春 : 吉林出版集团股份有限公司, 2023.5
　ISBN 978-7-5731-3333-5

　Ⅰ. ①高… Ⅱ. ①薛… Ⅲ. ①院校图书馆—读书活动
—研究 Ⅳ. ①G252.17

中国国家版本馆CIP数据核字(2023)第092573号

高校智慧图书馆与阅读推广探究

GAOXIAO ZHIHUI TUSHUGUAN YU YUEDU TUIGUANG TANJIU

著　　者　薛欢雪
出 版 人　吴　强
责任编辑　孙　璐　王　博
开　　本　787 mm × 1092 mm　1/16
印　　张　9.5
字　　数　208千字
版　　次　2023年5月第1版
印　　次　2023年8月第1次印刷

出　　版　吉林出版集团股份有限公司
发　　行　吉林音像出版社有限责任公司
　　　　　　（吉林省长春市南关区福祉大路5788号）
电　　话　0431-81629679
印　　刷　三河市嵩川印刷有限公司

ISBN 978-7-5731-3333-5　　定　　价　48.00元

前　　言

　　要实现智慧图书馆需要积累大量的有效数据。智慧化从哪里开始，从哪里改进应当通过数据的分析来进行确定，而不应依赖于人的直觉。这是目前需要解决的瓶颈。在现有的环境下尽可能地取得读者数据，把各种读者数据综合在一起进行数据发现和挖掘，通过挖掘来发现读者、馆员、图书馆等各方面的需求，从而构建出一个智慧图书馆的模型。

　　智慧图书馆仍需要用户实践的检验，所有的技术手段，无论有多先进、多智能，都需要经过实践的验证。一项新的智能服务技术在图书馆应用后，如果可以提升图书馆的服务效率，获得读者认同和满意，那么整体来说这种技术就符合智慧图书馆发展需求。相反，如果仅仅是单纯的技术方面变革，经过实践不能得到用户的认可，达不到预期目标，甚至给图书馆相关工作及读者体验带来负面效应，那么这种技术就需要进行改进提高，至少在服务模式、体验手段等方面调整转换思路，以求更符合读者的思维方式和行为需求。这样智慧化服务才会更深入，智慧图书馆服务范围才会更广阔。

　　阅读是提升国民素质的重要因素，国民素质的提高是中华民族昂首挺立世界的重要基石。图书馆是为广大学生提供各种读物和形成阅读氛围的场所，具有丰富的文献资源作为物质保障、具备充足的阅读场地，在阅读推广方面具有其他机构无法比拟的先天优势。由于图书馆具有开展社会教育和开发智力资源的职能，因此做好阅读推广活动是高校图书馆义不容辞的责任，高校图书馆理应担任阅读推广活动的工作。

　　本书是关于高校图书馆阅读推广理论与实务的专著。首先简单的介绍了智慧图书馆的概念与资源，然后从高校智慧图书馆的知识服务以及学科服务出发，分析了高校智慧图书馆的建设以及服务创新。本书探讨了高校图书馆的阅读推广策略与应用，同时对于数字阅读推广的方法以及推广的评估进行了分析。本书有比较成熟的理论、原则、模式化阅读推广方法与组织活动，希望可以给高校智慧图书馆的建设与阅读推广有所裨益。全书结构宏大而完整、内容充实而有生气。理论上勇于创新，思路开阔、颇有创获；实践上勇于探索，前瞻紧贴应用，有很好的指导价值。

　　由于时间与精力有限，书中难免存在不足之处，敬请各位读者与同行予以批评指正。

薛欢雪

2023 年 1 月

目　　录

第一章
智慧图书馆概念与研究

第一节　智慧图书馆的概念

图书馆的发展是渐进式的，每一次重大变革都伴随着科技的创新和进步。随着物联网概念的正式提出并在全球迅速传播开来，在图书馆发展中，继数字图书馆、智能图书馆之后，以现代化信息技术为基础，以数字化、网络化和智能化为标志的智慧图书馆正在走进人们的视野。

一、智慧图书馆的发展背景

智慧图书馆的产生需要借助科学技术的发展和运用，它不是凭空产生的。2005 年，物联网的概念被正式提出，由此为现代信息技术注入了新鲜的血液，成为其重要的组成部分。

物联网的含义就是物物相连的互联网，它通过传感技术、识别技术与云计算技术等通信感知技术，广泛应用于网络的互联中，它的用户端发展应用于任何物品之间，能使相连的物品之间进行信息交流。物联网把新一代信息技术充分运用在各行各业之中，然后把"物联网"和功能强大的互联网集成起来，实现人类现实社会和实际物理系统的集成。在这个集成的互联网络中，关键部分就是拥有超级强大能力的中心计算机群。该部分能够对集成之后的网络内的机器设备、系统人员和基础设施采取实时的管理和控制，以此提高资源利用率和生产力水平，改善人与自然之间的关系。随后，国际商业机器公司提出了"智慧地球"的理念，对物联网的理论研究与运用已经波及全球并融入各行各业中在这样的大环境下，人们对生产和生活以更为精致、细腻和动态的方式进行管理，达到一种"智慧"的状态。云计算等技术的出现、发展、成熟及应用，为智慧图书馆的形成打下了良好的基础，将图书馆事业推向了崭新的阶段。自此，国内关于物联网的实践蓬勃发展起来。在物联网发展极具前景的整体环境之下，国内图书馆界也掀起了对智慧图书馆实践的热潮，推动数字图书馆向智慧图书馆迈进。

二、智慧图书馆的含义

智慧图书馆的概念应体现出以物联网、云计算、大数据等新一代信息技术为基础，以高质量的全媒体资源为核心，构建先进的图书馆智能基础设施，实施高效的智能化管理。通过对研究热点的数据分析不难看出，智慧图书馆中以人为本的核心要义越来越受到关注。重视图书馆馆员的作用及用户的体验，以为用户提供智慧化、个性化服务为目标，实现馆员和用户协同感知与创新的绿色可持续发展应成为智慧图书馆概念的应有之义。

三、智慧图书馆的核心要素

图书馆的核心要素一直是图书馆界的研究重点之一。从 20 世纪起就有许多国内外学者开始对图书馆的核心要素进行讨论，这一问题的答案能够为图书馆的发展与建设指引方向。而根据时代背景的不同，图书馆要素的重点也会有所变化，但以人为本、利用有限的资源为更多用户提供更好的服务目标是不会改变的，所以资源和用户永远是图书馆最核心的要素。

大数据与人工智能的时代，图书馆的建设重心也开始发生了转移，智慧图书馆应运而生。智慧图书馆的几大核心要素中，"资源"从古代的为收藏或保留记录而藏书变为了现在的为了读者需求而藏书，从面向少数需求群体变为现在的面向一切对资源有需求的用户。在 18 世纪前，生产力不发达，社会阶层分级明显，图书馆（藏书阁）不能将所拥有的资源大规模地传播；而在信息时代到来前，受限于技术的缺乏，图书馆内的文献资源大多只能以纸质文献的形式为读者呈现。现在，图书馆的资源数量庞大，形式也多种多样，为知识创新奠定了基础，而智慧图书馆对资源的要求也在此前提下变得更高，不再只是为了满足读者需求，还要上升到人类知识发展的程度。

在智慧图书馆的核心要素中，对服务的要求也在不断变化。最开始的时候，图书馆只需要服务入馆的读者，围绕这一部分核心用户的需求展开服务就算实现了图书馆的目标。但研究人员在图书馆发展过程中逐渐发现，由于图书馆存在于社会中，与整个社会有着不可分割的联系，并不能脱离大众，于是图书馆开始将所有潜在的用户纳入了服务范围，充分发挥主观能动性，让知识传播变得更加大众化。智慧图书馆几大核心要素中，变化最大的就是技术要求，从最初使用书签手动记录借还书，到现在能自助借还的便捷服务，可以将一份文献资源给所有人使用的数字图书馆，能随时随地享受服务的移动图书馆，还有正在向其转型的智慧图书馆。智慧图书馆在已经实现了便捷化、自助化的移动数字图书馆的基础上，主动地为用户提供限于读者本身因素无法实现的服务，这就是"智慧"。要做到这一点，需要有大数据技术来收集并分析用户的行为习惯和取向，也需要物联网技术将用户、馆员与文献资源、馆内设备互相串联起来以方便利用，还需要人工智能技术为用户提供人性化的服务，这些都是以往的传统图书馆所没有的。

第二节 智慧图书馆的特征

智慧图书馆的特征是由以人为本的核心理念而发散出来的、为了满足用户显性或隐性需求而设计的一系列对图书馆中"智慧"一词的要求。对于用户的显性需求，传统图书馆已经基本能够被动地在用户提出需求时尽量满足；而智慧图书馆是主动地满足用户的显性需求，并挖掘用户的隐性需求，再以此作为智慧图书馆更新、优化的依据，随时调整图书馆服务，保证以人为本的核心理念不会改变。要做到这些，智慧图书馆必须要与新一代的信息技术相融合，汲取其中有用的新技术并改革传统图书馆的系统结构，适应新型智慧服务的模式，做到对纸质文献资源和数字化文献资源等多种载体的资源同等对待，全方位提升服务质量。智慧图书馆的特征主要体现在以下四个方面。

一、管理的智慧化

早在 20 世纪，传统图书馆就已经将以人为本或以用户需求为核心作为其核心理念，但受到社会发展与技术瓶颈的限制。传统图书馆的以人为本往往是馆员觉得自己需要什么能够提高效率、减小负担，或馆员觉得用户需要什么能提高服务质量。大数据时代下的智慧图书馆不应该与传统图书馆一样，只收集馆员的信息或抽取少量用户进行调查，而应该充分采集所有用户的行为数据并分析出用户的隐性需要，以此为依据提供更高质量的服务。

随着后信息社会的到来，首先传统图书馆中数字化的成分越来越高，图书馆文献资源的种类也随之越来越多，以往图书馆管理系统中使用的元数据标准如最小元素集、机读目录的文献著录格式等都不能将所有资源的特征清晰且准确地描述出来，而且不同元数据标准之间的转换也一直是图书馆界一个待解决的难题，这就导致资源的统一管理成为图书馆管理中一个不小的障碍。其次，即使是纸质文献资源，传统图书馆的管理系统也不能真正做到智能化管理，文献资源的空间管理、图书馆设备管理等都需要人力来完成。正因为如此，馆内的资源不能较为开放地与馆外的其他管理系统进行连接。如果资源在不同的图书馆管理系统管辖范围内，那么图书馆要想给用户提供服务是非常不方便的。再次，图书馆在电子资源方面本地不存储其元数据信息，如果要进行知识挖掘等增值服务就会比较困难。最后，传统的图书馆管理系统因为起初的设计思路与智慧图书馆不同，所以整体的体系结构对处理这些全新类型的资源一定会有缺陷，即使不断进行更新优化，也难以改善这个问题。智慧图书馆中的图书馆管理系统必须要考虑对各种不同类型资源的综合管理，而且要做到不仅对图书馆的管理要统一，还要以用户需求为核心，让用户在查找、使用时也觉得是统一的。

传统图书馆的管理系统除了在资源管理上有着较大的缺陷，在接口规范和标准上也不够统一。以往的图书馆管理系统一般都是外包给专门的公司，而公司为了节省研发成本，先提供几套模板供图书馆选择，然后再根据图书馆的实际情况做一些技术性调整。一方面，因为管理系统的体系结构是确定的，除非图书馆选择换一个系统，否则只能交由外包公司的员工来进行一些小范围的更新优化，无法从根本上改变某些问题；另一方面，不同公司的图书馆管理系统可能有着不同的接口规范和标准，当不同图书馆之间进行共建共享时，就会出现不兼容的问题。如果要图书馆自己研发管理系统会浪费资源，而外包对图书馆和公司是互利互惠的。所以，智慧图书馆在管理系统的建设上要注意各类标准的问题，最好的方法是由图书馆联盟或图书馆协会等组织来制订各类标准，这样在进行知识共享时就不会存在由于接口不符而导致的各种问题。

总的来说，智慧图书馆在管理上是全方位且立体化的，多种类型的资源可以较好地整合在一起。智慧图书馆馆员可以利用云计算、人工智能等新型信息技术对资源进行分析和处理，有效地实现知识增值，让用户享受到图书馆资源的一站式服务。同时，图书馆可以通过收集用户行为等数据来预测用户的偏好，而用户也可以主动提交自己的意见或建议，享受到人性化的服务。全方位、立体化的智慧图书馆管理系统和管理模式能够帮助馆员减少工作量、提高工作效率，有效地提升图书馆的管理质量，推进图书馆各类标准的规范化。

二、系统的智慧化

首先，如果使用图书馆云服务平台来代替传统的图书馆服务平台，就可以减少图书馆在平台管理和优化上的大量成本。其次，传统的图书馆服务平台只能让用户浏览和使用馆内资源，而在图书馆间协同服务合作理念的支撑下，新的云服务平台可以让用户浏览馆内的和合作馆的所有资源，并有部分资源可以被直接使用，而不能被直接使用的资源，云服务平台会告知用户如何获取。最后，在智慧图书馆已经将各类标准和接口规范统一的前提下，云服务平台的建设是非常简单的，它能为图书馆节省大量存储空间，并且在公有云和私有云的协同架构下，还能提升数据的安全性。

除了充分将新一代的信息技术融合进图书馆服务平台，智慧图书馆系统的互动性也是一个关键。系统具有互动性就是让用户对系统进行交互式操作，同时系统的界面设计也要符合人的本能感受，不能有太复杂的操作增加用户的学习成本。系统还可以借助人工智能和大数据预测用户操作，让用户有更加流畅的操作体验。不仅仅是使用上有互动性，智慧图书馆系统甚至可以开放源代码，让用户也参与进来。用户不仅指图书馆读者，还包括通过活动悬赏等方式招募的开发人员或组织，这样既可以节省系统的开发成本，又能缩短开发时间，同时用户自己开发的系统会更满足自己的需求。这样，用户能够在开源系统的源代码中学习和进步，而系统也能在用户的更新中不断优化，实现共赢。智慧图书馆系统的可拓展性比传统的图书馆系统更强，这样的系统能够自由组配功能模块，做到数据和应用解绑所带来的松耦合，以及模块随时增减与更新的热插拔。

三、服务的智慧化

在场馆建设方面，智慧图书馆馆舍具有智能化的特点。

对文献资源的空间管理和安全保障，有射频识别技术对文献资源的出入库进行识别和记录；卫星定位技术帮助馆员或读者迅速且精准地找到文献资源所在位置；红外感应和实时监控等侦测防护技术可以保护文献资源的安全。这不仅能提高借还书效率、查找文献资源效率，减少馆员的工作量，还能保护馆内设备设施和文献资源，对降低设备损耗、防止文献资源被盗有着重要作用。对馆内状态管理和读者导引，智慧图书馆馆舍有人脸识别技术管理人员的出入，能借助人工智能和感应器自动调节馆内温度、湿度等状态，可以由智能服务机器人在入口处帮助读者解决问题，引导读者到想去的区域，并将大数据和读者个人数据相结合，为读者提供阅读推荐服务。

在服务上，智慧图书馆具有智慧化的特点，这是以新一代信息技术与图书馆服务相结合的手段为主、智慧馆员为辅，共同为用户提供的个性化的服务。人工智能和大数据技术能够进一步提高图书馆服务的智慧程度。大数据与传统的统计调查相比，样本量更大，并且每个样本上的数据种类更多，考虑到的面更广。大数据配合可视化技术，能将海量且多样的数据更直观地表现出来，变化更好预测，再加上人工智能技术，可以让图书馆更了解用户的行为习惯，帮助馆员更好地进行用户行为分析、预测和进行优化决策。全方位立体化的管理能够让图书馆的资源服务变得更加智慧。与传统图书馆相比较，智慧图书馆的资源管理模式能够将资源的作用发挥到极致。传统图书馆有大量藏书只是为了保证文献资源的连续性和完整性，有很大一部分文献资源只为极少数的读者提供。而智慧图书馆，一方面在与其他图书馆馆间协同合作上有着巨大优势，可以互相补充缺失的资源，将只为极少数读者提供的文献资源分布在多个馆内，大大减少资源和空间的浪费；另一方面，在阅读推荐服务上有更先进的信息技术支撑，更加个性化，有更大概率符合用户需求，还让用户有互动的权利，能获得交互式的服务体验。

四、功能的智慧化

智慧图书馆服务的智慧性强调的是将原本有的服务变得更加个性化、智慧化，而智慧图书馆中全新的服务指的是传统图书馆中没有的服务项目。21 世纪以来，图书馆已经不再只是一个具有文化职能的公共基础设施，还有着社会公共服务的职能。随着时代的发展，不同图书馆的社会公共服务职能也会有不同的方向。比如，高校图书馆致力于为本校及周边学生提供知识服务，重点是作为学习与交流的场所；不同公共图书馆也可以有不同的主题，除了传统的图书馆服务，像湖北省图书馆有观影区、少儿活动，杭州图书馆有各类主题分馆（如茶文化、印学等）。图书馆的文化传播职能从本质上来说是为了满足人的知识需求，除了文献资源的形式，还可以有更多样化的形式。智慧图书馆相比于传统图书馆，要更加放大这一点，通过观影活动、各类体验活动来填补原本阅读活动、讲座等方式在休闲娱乐方面的空缺，让图书馆阅读推广的效果更上一层楼。

智慧图书馆虽然有着智能化的场馆，但场地空间是有限的，最基础的本职工作——藏书和借阅不能被替代，所以即使由传统图书馆转型到了智慧图书馆，也不可能在一个馆内有众多不同类型的体验项目或活动。智慧图书馆应该做好文化传播的媒介，为广大群众提供一个多功能服务平台，利用自身平台的优势将各种文化服务集中起来，并对所有项目进行品质把控，让社会公众都能体验到高质量的文化服务或教育体验活动。比如，图书馆内可以举行信息素质教育活动、虚拟现实技术体验活动，还可以与消防系统合作举办紧急灾害避险教育体验活动，与博物馆、科技馆联合举行科普教育活动等。

第三节　智慧图书馆的主要功能分析

与传统图书馆相比较，智慧图书馆不再是单一文献信息资源的提供者，它的服务范围已经扩展到整个社会。智慧图书馆作为未来图书馆发展的高级模式，其主要功能聚集在以下三个方面：

一、全方位、立体化资源管理

对于用户来说，图书馆所收集的资源是零散的，因此图书馆馆员需要利用各种信息处理系统、信息管理系统对图书馆的信息资源进行整合、描述、关联、维护，让那些信息更容易被用户所发现，使用户能更好地使用，然后通过交互式、一站化的服务平台，使用户可以很轻松地在庞大的数据中找到自己所需要的信息资源，并且可以利用智能技术对已找到的资源进行保存。

二、智能定位及侦测防护功能

智能图书馆利用无线射频识别技术、红外线感应技术、卫星全球定位技术，不仅使用户可以轻易地知道自己所需要文献资料的具体位置，还可以使图书馆馆员对在馆的用户、馆内的各种物理设施进行实时定位、实时监控，从而实现对图书馆馆藏文献信息资源、图书馆各种设备设施、在图书馆用户及馆员的精确的智能定位，降低了因为文献、设备等物品的失窃而导致图书馆不能正常运转的概率。同样，智慧图书馆的行为侦测也是利用无线射频识别技术使馆藏文献具备个性化导读、借阅率统计等功能。个性化导读是指用户通过手持移动导读设备去接收由馆藏文献上无线射频识别标签发射出的信号，使其根据用户的需求，向用户提供信息服务。借阅率的统计可以将用户对馆藏文献的喜好直观反映出来，通过收集用户的个性化信息，掌握用户需求的特点，为图书馆今后更好地服务用户奠定了基础。

三、个性化与人性化的智慧服务

传统图书馆的资源利用无论在信息资源还是服务手段上，都有很多的局限性和不便，而智慧图书馆能给用户提供极其丰富的资源、智能化程度更高及针对用户喜好的个性化服务，让用户有机会参与自主互动的服务，以实现全方位、立体化的信息服务，能更好地满足用户的信息需求。物联网环境下，智慧图书馆运用智能化技术更多地关注用户的感受，把以人为本的理念作为其发展的根本。在以人为本理念的支撑下，用户可以从智慧图书馆中获得更多、更广泛的选择，更加方便、更加高效的服务，更加灵活多样、人性化的服务方式和手段等。个性化服务包括信息定制服务、信息定向推送服务。信息推送服务最为突出的特点就是当用户首次输入请求命令后，就能定期收到之前已经选定的专题信息；信息定制服务是在普通定题服务的基础上，针对图书馆用户在内容、服务方式上的各种需求，通过定制提供个性化服务的系统，灵活地制订相关的信息资源、应用方式、信息利用过程，采用信息定制技术满足特定用户对不同信息的多种需求，将"人找信息"的形式转变为"信息找人"，从根本上转变图书馆的信息服务方式，提升图书馆的信息服务能力。

人性化服务包括自助和人工两种服务方式的选择、电子邮箱和手机两种服务方式的选择、以无线射频识别技术为基础的电子标签及其使用模式的选择。比如，无线射频识别技术图书自助24小时无人借还系统，使用户不受时间限制地享受自助借还服务；简易信息聚合智能订阅、掌上电脑和随身电脑定制、电子邮箱定向定制等，可以为用户提供更加灵活多样的服务方式和手段。

第四节 智慧图书馆的实现载体及构成

一、智慧图书馆的实现载体

（一）感知技术

目前，国内外智慧图书馆建设中应用最为广泛的便是众多类型的感知技术，如无线射频识别技术、紫蜂协议、移动设备等，而这些感知技术中又以无线射频识别技术最具有代表性。该技术在图书馆中间的应用形式多以无线射频识别标签出现，主要用于图书排架、自助借还及藏书清点等工作，其使用对象多为图书馆的各类馆藏资源。根据相关的统计，早在 2006 年，全球就有超过 3000 万个图书馆项目使用了无线射频识别技术。由此可见该技术在智慧图书馆建设中发挥了重要作用。这些感知技术为用户和图书馆带来了巨大的改变。对于用户而言，感知技术整合了物理空间和虚拟空间，实现了用户与图书馆的主动连接，不仅简化了用户对资源的获取过程，也创新了获取方式，丰富了用户的使用体验，同时可以针对用户的不同需求和意愿提供更具个性化的服务。对于图书馆而言，感知技术提升了图书馆的自动化水平，不仅优化了图书馆整体的运作与管理效率，也将图书馆馆员从繁重的劳动中解放出来，从而提高了图书馆的有效供给能力。

（二）传感技术

传感技术与建筑物相结合，为智慧图书馆构建智慧馆体，具体表现为通过将不同类型、不同功能的传感器接入图书馆的物联网中，根据传感器实时收集的监测数据，利用物联网对照明、温度、通风等系统进行远程触发等操作，自动控制光度、温度、湿度、空气质量、声音等，如国家图书馆采用的电子可控伸缩式屋顶窗帘，从而对馆体建筑物进行高效、绿色的动态管理，以最大限度地减少能源消耗，节约图书馆运营成本。图书馆也可以通过部署的传感器体系收集人员情况、动作行为及建筑物情况等信息，提供类似表盘式的信息展示，用以体现图书馆正在发生的实时情况，以便快速应对突发事件。此外，传感技术在智慧图书馆中的另一种表现为向用户提供路径导航服务。例如，美国伊利诺伊大学香槟分校基于移动技术与低功耗商用蓝牙技术开发的广播信号小型电脑信标案例，香槟分校将该信标纳入大学图书馆的书库中，以便使对图书馆环境不熟悉的学生可以看到自己的位置，在用户接入图书馆网络的移动设备上构建交互式的地图，为用户提供基于位置的定向导航服务。

（三）人工智能

人工智能技术是时下热门的技术之一。它是以机器学习为基础，通过海量数据的训练，以实现对人的意识、思维的信息过程的模拟。人工智能的主要目标是使机器能够胜任一些通常需要人类智能才能完成的复杂工作，其作用体现在多个方面，如智能机器人、语音识别、机器学习平台、生物特征识别技术等。人工智能可以有效解决标准化程度高、业务量重、重复性强的工作，同时与智慧图书馆互联互通的建设理念较为契合，所以人工智能技术正逐渐成为智慧图书馆建设中所需要的关键技术。目前，人工智能在图书馆中的应用重点表现为通过各种类型的机器人实现智慧服务，这些机器人基于图书馆场景，整合了迎宾、讲解、指引等功能，给予用户开放式的互动体验，如国家图书馆的多功能机器人

"小图"、上海图书馆的参考咨询机器人"图小灵"、深圳宝安图书馆的分拣和运输机器人等，都是人工智能在智慧图书馆中的体现。此外，人工智能也体现在知网数据库中，如该数据库可以根据使用者的检索要求，生成文章作者、发文时间、主题等不同类型的可视化图谱，以帮助使用者更好地分析文献情况，也为其更好地应用于智慧图书馆建设提供了新的思考：图书馆能否利用自身的资源优势，为用户提供更加简洁、直观的信息展示。

（四）读者与馆员

图书馆是由人管理、为人服务的，这是图书馆无论发展到何种阶段都不能忽略的本质属性。任何技术、资源的存在的意义都是被人使用。一直以来，图书馆都把重点放在馆藏资源建设上，由于挖掘难度大、资源有限而淡化了读者和馆员对图书馆的价值。读者对于图书馆而言是一种隐形的、具有不稳定性的活态资源。图书馆的天职是提供服务，而服务的优劣从来都取决于图书馆馆员而不是技术或设备。毋庸置疑，"人本位"理念将始终是指导图书馆事业发展的核心理念。在这一理念的驱动下，读者与馆员将逐渐成为图书馆最具有开发价值的资源，也将成为智慧图书馆非技术性的智慧来源。智慧图书馆通过技术手段将读者、馆员与图书馆相连接，发现读者和馆员的思维模式、行为模式，不断剖析读者和馆员的需求，整合读者和馆员在长期的使用和管理过程中所形成的知识资源，以指导智慧图书馆未来的建设方向，使得智慧图书馆在服务与管理工作中保持长久良性的发展。

二、智慧图书馆的主要构成

（一）服务

智慧图书馆在服务层面表现为在感知和分析的基础上实现与用户需求的精准对接，这种服务即在合适的时间、合适的地点以合适的方式向用户提供最符合其需求的资源的服务，模式在运作过程中表现出一种个性化和交互式的体验方式。在高度自动化与智慧化的技术环境中，甚至不需要用户提出明确的服务请求或输入完整的检索指令，就能通过聚合多种数据来源，感知用户所在的物理空间和网络空间，分析其潜在的资源需求并提供有针对性的互动与反馈，从而形成高品质的图书馆服务。目前，已有部分智慧图书馆可以将互为独立的不同地域、不同类型图书馆的馆藏文献与资源进行有机串联，使各种实体或虚拟资源在每一位用户中形成立体化的流动，实现用户与图书馆前后端平台的无缝连接；同时，针对用户的不同需求来提供空间的规划使用、设备的获取及个性化的信息建议，实现信息资源乃至知识的共通共享。当前，智慧图书馆服务正逐步发展为开发用户对信息资源的自查自检能力，在有效使用图书馆提供的各种类型的智慧设备的基础上，逐步引导用户构建适合自身的知识获取体系，形成结构化的信息素养。

（二）管理

智慧图书馆在管理层面表现为人、物与数据流的多向交互。智慧图书馆能够基于各方数据对图书馆的运作自动地、实时地、周期性地做出评估并提供动态的修正方案，从而提高决策与服务质量，达到预想目标。例如，用户参与的决策流程、自动优化的管理程序、图书馆大数据的实时分析等都是智慧图书馆较为直观的表达。此类管理的重点在于将包括馆员、用户、机构在内的社群在科研与业务工作中所积累的互动、反馈信息集中起来，从而形成具有通用性的图书馆学研究和业务工作方法论。这种管理使得图书馆既可以通过该方式不断完善用户获取相关信息及公共服务的质量，在一定程度上持续优化图书馆的本职工作，也能够使图书馆决策层发挥、利用图书馆的信息优势，进一步融入包括用户、多方信息机构在内的广域信息生态系统，并成为其重要组成部分，从而改变传统管理中被动、孤立地做出决策的情况。

（三）馆员

图书馆是一个不断生长着的有机体。智慧图书馆作为图书馆在适应后工业时代发展中所形成的一种新的表现形式，与其相适配的馆员更是其组成所在。除了智慧的图书馆馆员，没有人能创造出智慧图书馆。所以，智慧的馆员也将是这一有机体中的核心要素。图书馆不是工厂，它所从事的也不是流水线般的生产活动，它是信息交换的场所。图书馆所代表的也不仅仅是几本书、几个数据库那么简单，在这些资源的背后蕴含的是整个人类社会的伦理、道德、法律……这些社会理论问题也无法依靠技术设备来解决，所以即使是在智慧图书馆的发展中，馆员依然是日常运作和充分发挥各项职能的基础。目前，具有更加良好的职业品质与专业素养的学科馆员，正不断加入建设智慧图书馆的队伍中。这种馆员的存在，一方面将使图书馆工作逐步摆脱过去由于缺乏专业人员所造成的低水平的重复建设，另一方面将极大程度地弥补图书馆在与日俱增的技术环境下产生的人文情怀的缺失。

第二章
智慧图书馆的资源研究

第一节　智慧图书馆的信息资源类型

图书馆的资源是图书馆一切工作的前提，是图书馆最核心的"产品"，在图书馆工作中处于重要的地位。智慧图书馆离不开智慧图书馆中所存储的资源，包括印本资源、数字资源、多媒体资源、数据资源和开放信息资源在内的众多资源类型，共同构成了智慧图书馆的资源体系。

当前智慧图书馆建设中，除了要满足用户通过智慧图书馆获取服务外，还应存储一定量的纸质馆藏。这是因为，智慧图书馆虽然依托智慧化的技术，构建了智慧化的管理和服务系统，从而提供智慧化的服务，但大部分智慧图书馆同时承载着传统图书馆的功能，图书馆具有搜集和保存人类文化遗产的职能，所以智慧图书馆也必须保存一定量的纸质文献。除此以外，智慧图书馆应不遗余力地去开发数字资源、多媒体资源等，这也是智慧图书馆的性质和特点所决定的。智慧图书馆中存储的资源主要有印本资源、数字资源、多媒体资源、数据资源和开放信息资源等。本节将对这几种类型的资源进行详细论述。

一、印本资源

智慧图书馆中的印本资源主要包括图书、期刊、报纸、工具书、学位论文、会议资料等。其中图书是印本资源的主要组成部分，在馆藏资源中占据了绝大部分体量，也是除数字资源外获得资源建设经费最多的资源类型。期刊的时效性较高，一般期刊出版社会定期出版，学术期刊的学术价值比较高，在学术研究中有极高的地位。报纸比期刊的出版频率高，大部分报纸为一天一期，其信息新颖性高，但大多以新闻性信息为主，也有部分报纸为休闲娱乐类，丰富读者的业余文化生活。工具书是研究学科或领域必不可少的工具类书籍，一般为学校或科研机构的教学科研活动所使用，在图书馆馆藏中使用频率较低，但学术价值很高。大部分高校图书馆具有保存本校学位论文的功能，学位论文具有较高的学价值，尤其是硕士、博士学位论文，体现了学生研究生阶段的学术研究水平，一般学位论文会花费1~3年的时间来完成。会议资料是指在学术交流会议上用于学术讨论、交流的资料和文献的总称，会议资料内容新颖，传递信息比较及时，学术价值比较高。除此以外，一些高校图书馆的印本资源还包括专利文献、标准文献等特种文献，它们也具有较高的收藏和学术价值。

（一）图书

1. 图书的起源发展沿革

直到今天，图书仍有广义和狭义之分。在实际生活中，我们常常会知道这样一些有趣的现象：对于"图书馆"和"图书情报工作"等概念来说，"图书"是广义的，泛指各种类型的读物，既包括甲骨文、金石拓片、手抄卷轴，又包括当代出版的书刊、报纸，甚至包括声像资料、缩微胶片（卷）及机读目录等新技术产品；而在图书馆和情报所的实际工作中，人们又要把图书同期刊、报纸、科技报告、技术标准、视听资料、缩微制品等既相提并论，又有所区别。在前者与后者有所区别的时候，图书所包括的范围就大大缩小了，这是狭义的"图书"。

联合国教科文组织对图书的定义是：凡由出版社（商）出版的不包括封面和封底在内49页以上的印刷品，具有特定的书名和著者名，编有国际标准书号，有定价并取得版权保护的出版物称为图书。

图书是以传播知识为目的，用文字或其他信息符号记录于一定形式的材料之上的著作物；图书是人类社会实践的产物，是一种特定的不断发展着的知识传播工具。

2. 构成图书的要素

从竹木简牍到今天的各类图书，不管其形式和内容如何变化，只要认真地加以考察和分析，就可以看出它们都具有这样几个要素：①要有被传播的知识信息；②要有记录知识的文字、图像信号；③要有记载文字、图像信号的物质载体；④图书的生产技术和工艺也是产生图书的基本条件。

3. 图书的类型

图书按学科划分为社会科学和自然科学图书；按文种划分为中文图书和外文图书；按用途划分为普通图书和工具书。

4. 图书的特点

与其他出版物相比，图书的特点为：①内容比较系统、全面、成熟、可靠；②出版周期较长，传递信息速度较慢。

（二）期刊

期刊由依法设立的期刊出版单位出版。在我国，期刊出版单位出版期刊，必须经新闻出版总署批准，持有国内统一连续出版物号，领取《期刊出版许可证》。

从广义上来讲，期刊的分类，可以分为非正式期刊和正式期刊两种。非正式期刊是指通过行政部门审核领取"内部报刊准印证"作为行业内部交流的期刊(一般只限行业内交流不公开发行)，但也是合法期刊的一种，一般正式期刊都经历过非正式期刊过程。正式期刊是由国家新闻出版署与国家科委在商定的数额内审批，并编入"国内统一刊号"，办刊申请比较严格，要有一定的办刊实力，正式期刊有独立的办刊方针。

"国内统一刊号"是"国内统一连续出版物号"的简称，即"国内统一刊号"，它是新闻出版行政部门分配给连续出版物的代号。"国际刊号"是"国际标准连续出版物号"的简称，我国大部分期刊都配给该出版物号。

此外，正像报纸一样，期刊也可以不同的角度分类。有多少个角度就有多少种分类的结果，角度太多则流于烦琐。

1. 按内容分类

以《中国大百科全书》新闻出版卷为代表，将期刊分为 4 大类：①一般期刊，强调知识性与趣味性，读者面广，如我国的《人民画报》《大众电影》，美国的《时代》《读者文摘》等；②学术期刊，主要刊载学术论文、研究报告、评论等文章，以专业工作者为主要对象；③行业期刊，主要报道各行各业的产品、市场行情、经营管理进展与动态，如中国的《摩托车信息》《家具》，日本的《办公室设备与产品》等；④检索期刊，如我国的《全国报刊索引》《全国新书目》，美国的《化学文摘》等。

2. 按学术地位分类

可分为核心期刊和非核心期刊两大类。

(三)报纸

报纸是以刊载新闻和时事评论为主的定期向公众发行的印刷出版物。是大众传播的重要载体，具有反映和引导社会舆论的功能。

1. 职能

关于报纸的职能，从不同角度，会得出不同的看法，例如：①从政党机关报的角度，报纸的作用和力量，就在它能使党的纲领路线、方针政策、工作任务和工作方法，最迅速最广泛地同群众见面。②关于报纸职能的概括，可以被各方面接受：主要的报道职能，随之而来的辩论职能(即传播观点的职能)，附带的娱乐职能。

2. 优点

①可随时阅读，不受时间限制，不会如电视或电台节目般错过指定时间报道的信息。
②互相传阅，读者人数可以是印刷数的几倍。
③即使阅读或理解能力较低的人，亦可相应多耗时间，吸收报章的信息。

④因特网崛起，网上版报纸的传阅力较传统印刷品报章强。

3. 缺点

①受截稿及出版因素影响，不能提供最新资讯以及即时更正信息。

②纸张过多带来携带及传阅的不便。

③图片和文字在电视和电台的影音片段的比较下震撼力和感染力比较低。

④容易沾染油墨污垢。

（四）学位论文

学位论文是指为了获得所修学位，按要求被授予学位的人所撰写的论文。学位论文根据所申请的学位不同，可分为学士论文、硕士论文、博士论文3种。

按照研究方法不同，学位论文可分理论型、实验型、描述型3类，理论型论文运用的研究方法是理论证明、理论分析、数学推理，用这些研究方法获得科研成果；实验型论文运用实验方法，进行实验研究获得科研成果；描述型论文运用描述、比较、说明方法，对新发现的事物或现象进行研究而获得科研成果。

按照研究领域不同，学位论文又可分人文科学学术论文、自然科学学术与工程技术学术论文两大类，这两类论文的文本结构具有共性，而且均具有长期使用和参考的价值。

1. 博士学位

高等学校和科学研究机构的研究生，或具有研究生毕业同等学力的人才，通过博士学位的课程考试和论文答辩，成绩合格，达到下述学术水平者，授予博士学位。

①在本门学科上掌握坚实宽广的基础理论和系统深入的专门知识。

②有独立从事学科研究工作的能力。

③在科学或专门技术上做出创造性的成果。

2. 硕士学位

高等学校和科学研究机构的研究生，或具有研究生毕业同等学力的人员，通过硕士学位的课程考试和论文答辩，成绩合格，达到下述学术水平者，授予硕士学位。

①在本门学科上掌握坚实的基础理论和系统的专门知识。

②具有从事科学研究工作或独立担负专门技术工作的能力。

3. 学士学位

高等学校本科毕业生，成绩优良，达到下述学术水平者，授予学士学位。

①较好地掌握本门学科的基础理论、专门知识和基本技能。

②具有从事科学研究工作或担负专门技术工作的初步能力。

（五）特种文献

特种文献是指出版发行和获取途径都比较特殊的科技文献，特种文献一般包括会议文献、科技报告、专利文献、学位论文、标准文献、科技档案、政府出版物七大类。特种文献特色鲜明、内容广泛、数量庞大、参考价值高，是非常重要的信息源。

高校图书馆收藏的特种文献一般有会议文献和专利文献。

1. 会议文献

指在学术会议上宣读或交流的论文及其他资料。会议结束后，通常会将这些会议文献结集出版，如会议录，会议论文集，会议论文汇编等。

2. 专利文献

狭义的专利文献是指由专利部门出版的各种专利出版物，如专利说明书、权利要求书；广义的专利文献还包括说明书摘要、专利公报以及各种检索工具书、与专利有关的法律文件等。

二、数字资源

数字资源是文献信息的表现形式之一，是将计算机技术、通信技术及多媒体技术相互融合而形成的以数字形式发布、存取、利用的信息资源总和。从数据的组织形式上看，有数据库、电子期刊、电子图书、网页信息等多种类型。

按存储介质可分为磁介质和光介质两种类型。其中，磁介质包括软盘、硬盘、磁盘阵列、活动硬盘、优盘、磁带等类型。常用的数字资源存储介质为硬盘、磁盘阵列。

按数据传播的范围可分为单机、局域网和广域网等方式。单机利用可以是光盘或安装在一台计算机上的数据；局域网内部利用是用户能在机构内部浏览检索数字资源，但在机构的局域网以外的网络环境中不能访问；广域网方式是指用户可以在任何一个拥有互联网的地方通过一定的身份认证方式或者不需认证就可以访问数字资源。

从资源提供者来看，可分为商业化的数字资源和非商业化的数字资源。前者包括数据库商、出版商和其他机构以商业化方式提供的各种电子资源，如电子期刊全文数据库检索系统、动态服务器页面、中国期刊网等数据库，图书馆需要支付一定的费用后再提供给一定的读者群，或者读者个人通过读书卡和其他方式购买数据库的使用权。这些数字资源内容丰富、数据量大，是图书馆馆藏资源建设中的重要内容。后者主要指机构自建的特色资源库、开放获取资源、机构典藏和其他免费的网络资源，这些资源或者由图书馆自行建设，或者可以从网络上免费获取。当然，图书馆特色资源库在建成之后也可以以商业化方式进行运作，此时对其他图书馆而言，也可以称之为商业化数字资源。

（一）数据库

数据库是按照数据结构来组织、存储和管理数据的仓库，它产生于距今 60 多年前，随着信息技术和市场的发展，特别是 20 世纪 90 年代以后，数据管理不再仅仅是存储和管理数据，而转变成用户所需要的各种数据管理的方式。数据库有很多种类型，从最简单的存储有各种数据的表格到能够进行海量数据存储的大型数据库系统都在各个方面得到了广泛的应用。

在信息化社会，充分有效的管理和利用各类信息资源，是进行科学研究和决策管理的前提条件。数据库技术是管理信息系统、办公自动化系统、决策支持系统等各类信息系统的核心部分，是进行科学研究和决策管理的重要技术手段。

数据库的基本结构分 3 个层次，反映了观察数据库的 3 种不同角度：以内模式为框架所组成的数据库叫做物理数据库；以概念模式为框架所组成的数据库叫概念数据库；以外模式为框架所组成的数据库叫用户数据库。

1. 物理数据层

它是数据库的最内层，是物理存储设备上实际存储的数据的集合。这些数据是原始数据，是用户加工的对象，由内部模式描述的指令操作处理的位串、字符和字组成。

2. 概念数据层

它是数据库的中间一层，是数据库的整体逻辑表示。指出了每个数据的逻辑定义及数据间的逻辑联系，是存储记录的集合。它所涉及的是数据库所有对象的逻辑关系，而不是它们的物理情况，是数据库管理员概念下的数据库。

3. 用户数据层

它是用户所看到和使用的数据库，表示了一个或一些特定用户使用的数据集合，即逻辑记录的集合。

数据库不同层次之间的联系是通过映射进行转换的。

(二) 网络数据库

数据库是按一定的结构和规则组织起来的相关数据的集合，通常分为层次式数据库、网络式数据库和关系式数据库 3 种。不同的数据库是按不同的数据结构来联系和组织的。计算机网络的特点是资源共享，数据+资源共享这两种技术结合在一起即成为在今天广泛应用的网络数据库，也称在线数据库或全球广域网数据库。网络数据库的含义是以后台数据库为基础，加上一定的前台程序，通过浏览器完成数据存储、查询等操作的信息集合。网络数据库从使用角度来看，是一种基于浏览器/服务器方式的数据库，具有互动性。

网络信息资源是指以电子数据的形式将文字、图像、声音、动画等多种形式的信息存放在光磁等非印刷质的载体中，并通过网络通信、计算机或终端等方式再现出来的信息资源。

按照国际上通用的分类方法，数据库通常划分为以下几种类型：

1. 参考型数据库

指引用户到另一信息源以获得原文或其他细节的数据库，又称为指示型数据库，包括书目数据库和指南数据库。

（1）书目数据库

是指存储某个领域的二次文献（如文摘、题录、目录等）的数据库，又称二次文献数据库或简称文献数据库。

（2）指南数据库

是指存储关于某些机构、人物、出版物、项目、程序、活动等对象的简要描述，指引用户从其他有关信息员获取更详细信息的数据库，也称指示性数据库，如机构名录数据库，人物传记数据库、产品数据库等。

2. 源数据库

能直接提供原始资料或数据的自足性数据库，用户可直接获取足够的信息资源。又可以分为：

①数值数据库，指专门提供以数值方式呈现的数据库，如各种统计数据库。

②文本-数值数据库能同时提供文本信息和数值信心的数据库，如产品市场报告数据库等。

③全文数据库，指存储文献全文的数据库，如期刊全文库。

④术语数据库，存储名词术语信息、词语信息等的数据库，也包括电子辞书。

⑤多媒体数据库，一种把文字、声音、图像、数值等信息存储，并对其进行一体化管理的数据库。

（三）电子图书

电子图书是指以数字代码方式将图、文、声、像等信息存储在磁、光、电介质上，通过计算机或类似设备使用，并可复制发行的大众传播体。

电子图书拥有与传统书籍许多相同的特点：包含一定的信息量，比如有一定的文字量、彩页；其编排按照传统书籍的格式以适应读者的阅读习惯；通过被阅读而传递信息等。

但是电子图书作为一种新形式的书籍，又拥有许多与传统书籍不同的或是传统书籍不具备的特点：必须通过电子计算机设备读取并通过屏幕显示出来；具备图文声像结合的优点；可检索；可复制；有更高的性价比；有更大的信息含量；有更多样的发行渠道等。具体如下：

①方便信息检索。提高资料的利用率；

②存储介质相较传统书籍而言容量更大，可以容纳更多的信息量；

③成本更低，相同的容量比较，存储体的价格可以是传统媒体价格的1/100～1/10甚至更低；

④内容更丰富，数字化资料可以包含图文声像等各种资料；

⑤增强可读性，可以以更灵活的方式组织信息，方便读者阅读；

⑥降低了工作量，在电脑上处理各种资料，可以更方便；

⑦更具系统性，将各种资料有机组合，互相参照，能更好地理解资料；

⑧新的方式方法、工具手段、形式内容。

除此以外，电子书还具有以下特点：

1. 无纸化

电子书不再依赖于纸张，以磁性储存介质取而代之。得益于磁性介质储存的高性能，一张 700 兆的光盘可以代替传统的 3 亿字的纸质图书。这大大减少了木材的消耗和空间的占用。

2. 多媒体

电子书一般都不仅仅是纯文字，而添加有许多多媒体元素，诸如图像、声音、影像。在一定程度上丰富了知识的载体。

3. 丰富性

由于互联网快速发展，致使传统知识电子化加快，基本上除了比较专业的古代典籍，大部分传统书籍都搬上了互联网，这使电子图书读者有近乎无限的知识来源。

电子书的主要格式有可携带文件格式、可执行程序、编译的帮助文件、通用媒体光盘、数字图书格式、软件包文件格式、系统数据格式、附带文本格式、兼容格式等，大部分移动终端设备均支持这些阅读格式。手机终端常见的电子书格式为移动设备、归档、附带文件格式这 3 种电子书是一种便携式的手持电子设备，专为阅读图书设计，它有大屏幕的液晶显示器，内置上网芯片，可以从互联网上方便的购买及下载数字化的图书，并且有大容量的内存可以储存大量数字信息，一次可以储存大约 30 本传统图书的信息，特别设计的液晶显示技术可以让人舒适的长时间阅读图书。

（四）电子期刊

电子期刊也称为电子出版物、网上出版物。广义而言，任何以电子形式存在的期刊均可称为电子期刊，涵盖通过联机网络可检索到的期刊和以光盘形式发行的期刊。

电子期刊的类型有两种：一种是纸质期刊的电子化，另一种是直接在网络出版的电子期刊。

网络出版的电子期刊从投稿、编辑出版、发行订购、阅读乃至读者意见反馈的全过程都是在网络环境中进行的，任何阶段都不需要用纸，它与传统的印刷型期刊有着本质的区别。电子期刊是以高新技术，包括光盘、网络通信技术为载体，经过信息技术人员加工处理，运用现代技术检索手段，以满足信息需求的出版物。且融入了图像、文字、声音、视频、游戏等相互动态结合来呈现给读者。此外，还有超链接、及时互动等网络元素，在增加了易读性和趣味性的同时又节约了成本。

电子期刊有其优势：

首先，电子期刊是机读杂志，它可以借助计算机惊人的运算速度和海量存储，极大地提高了信息量。

其次，在计算机特有的查询功能的帮助下，它使人们在信息的海洋中快速找寻所需内容成为可能。

再次，电子期刊在内容的表现形式上，是声、图、像并茂，人们不仅可以看到文字、图片，还可以听到各种音效，看到活动的图像。

最后，可以使人们受到多种感官的感受，加上电子期刊中极其方便的电子索引、随机注释，使电子期刊具有信息时代的特征。

（五）网页信息

网页是构成网站的基本元素，是承载各种网站应用的平台。网页是一个包含超文本标记语言标签的纯文本文件，它可以存放在世界各个角落的某一台计算机中，是万维网中的一"页"是超文本标记语言格式（标准通用标记语言的一个应用）。网页通常通过图像档提供图画，并且要通过网页浏览器来阅读。

网页上一般包括以下内容：

①文本，文本是网页上最重要的信息载体和交流工具，网页中的主要信息一般都以文本形式为主。

②图像，图像元素在网页中具有提供信息并展示直观形象的作用，又包括静态图像和动态图像；静态图像，在页面中可能是光栅图形或矢量图形，通常为图形交换格式，图像文件压缩、便携式网络图形，或矢量格式，如可缩放的图形或动画；动画图像，通常动画为图形交换格式和图像文件格式。

③交互式动画，动画在网页中的作用是有效地吸引访问者更多的注意。

④声音，声音是多媒体和视频网页重要的组成部分。

⑤视频，视频文件的采用是网页效果更加精彩且富有动感。

⑥表格，表格是在网页中用来控制面业信息的布局方式。

⑦导航栏，导航栏在网页中是一组超链接，其连接的目的端是网页中重要的页面。

⑧交互式表单，表单在网页中通常用来联系数据库并接受访问用户在浏览器端输入的数据，利用服务器的数据库为客户端与服务器端提供更多的互动。

网页上所有的发布内容都可称之为网页信息，网页信息是一个巨大的信息源，它的信息质量参差不齐，真假难辨，需要信息使用者去详加筛选。常用的网页信息有各类学习网站、政府部门统计数据、行业报告等。

三、多媒体资源

在计算机行业里，媒体有两种含义：一种是指传播信息的载体，如语言、文字、图像、视频、音频等；另一种是指存储信息的载体，如只读存储器、随机存取存储器、磁带、磁盘、光盘等，目前主要的载体有光盘、网页等。多媒体是近几年者出现的新生事物，正在飞速发展和完善之中。

严格来讲，多媒体资源不算是一种资源类型，它是多种媒体的资源的总称。

一般包括文本，声音和图像等多种媒体形式。在计算机系统中，多媒体指组合两种或两种以上媒体的一种人机交互式信息交流和传播媒体。使用的媒体包括文字、图片、照片、声音、动画和影片，以及程式所提供的互动功能。

多媒体是超媒体系统中的一个子集，而超媒体系统是使用超链接构成的全球信息系统，全球信息系统是因特网上使用传输控制协议、网际互连协议和用户数据报协议、网际互连协议的应用系统。二维的多媒体网页使用超文本标记语言、可扩展标记语言等语言编写，三维的多媒体网页使用虚拟现实建模语言等语言编写。在 20 世纪中后期，大部分的多媒体作品使用光盘发行，进入 21 世纪后，多媒体产品更多地通过网络发行。

(一) 多媒体技术的应用范围

多媒体技术涉及面相当广泛，主要包括：音频技术，音频采样、压缩、合成及处理、语音识别等；视频技术，视频数字化及处理；图像技术，图像处理、图像、图形动态生成；图像压缩技术，图像压缩、动态视频压缩；通信技术，语音、视频、图像的传输；标准化，多媒体标准化。

(二) 多媒体技术所涉及的内容

多媒体技术涉及的内容主要包括几方面。①多媒体数据压缩：多模态转换、压缩编码。②多媒体处理：音频信息处理，如音乐合成、语音识别、文字与语音相互转换；图像处理，虚拟现实。③多媒体数据存储：多媒体数据库；多媒体数据检索，基于内容的图像检索，视频检索；多媒体著作工具，多媒体同步、超媒体和超文本；多媒体通信与分布式多媒体，计算机支持协同工作、会议系统、交互式电视点播系统和系统设计；多媒体专用设备技术，多媒体专用芯片技术，多媒体专用输入输出技术；多媒体应用技术，计算机辅助教学与远程教学，地理信息系统与数字地球、多媒体远程监控等。

数据是事实或观察的结果，是对客观事物的逻辑归纳，是用于表示客观事物的未经加工的原始素材。数据可以是连续的值，比如声音、图像，称为模拟数据。也可以是离散的，如符号、文字，称为数字数据。在计算机系统中，数据以二进制信息单元 0，1 的形式表示。

信息与数据既有联系，又有区别。数据是信息的表现形式和载体，可以是符号、文字、数字、语音、图像、视频等。而信息是数据的内涵，信息是加载于数据之上的，对数据作具有含义的解释。数据和信息是不可分离的，信息依赖数据来表达，数据则生动具体表达出信息。数据是符号，是物理性的，信息是对数据进行加工处理之后所得到的并对决策产生影响的数据，是逻辑性和观念性的；数据是信息的表现形式，信息是数据有意义的表示。数据是信息的表达、载体，信息是数据的内涵，是形与质的关系。数据本身没有意义，数据只有对实体行为产生影响时才成为信息。

数据的表现形式还不能完全表达其内容，需要经过解释，数据和关于数据的解释是不可分的。数据的解释是指对数据含义的说明，数据的含义称为数据的语义，数据与其语义是不可分的。

对数据的分类，可以按性质、表现形式和记录方式3种类型划分。

1. 按性质划分

①定位的，如各种坐标数据。

②定性的，如表示事物属性的数据（居民地、河流、道路等）。

③定量的，反映事物数量特征的数据，如长度、面积、体积等几何量或重量、速度等物理量。

④定时的，反映事物时间特性的数据，如年、月、日、时、分、秒等。

2. 按表现形式划分

①数字数据，如各种统计或量测数据。数字数据在某个区间内是离散的值。

②模拟数据，由连续函数组成，是指在某个区间连续变化的物理量，又可以分为图形数据（如点、线、面）、符号数据、文字数据和图像数据等，如声音的大小和温度的变化等。

3. 按记录方式划分

地图、表格、影像、磁带、纸带。按数字化方式分为矢量数据、格网数据等。在地理信息系统中，数据的选择、类型、数量、采集方法、详细程度、可信度等，取决于系统应用目标、功能、结构和数据处理、管理与分析的要求。

数据也分为结构化数据、非结构化数据和半结构化数据。

结构化数据，简单来说就是数据库。结合到典型场景中更容易理解，比如企业资源计划、财务系统；医疗信息系统数据库；教育一卡通；政府行政审批；其他核心数据库等。这些应用需要哪些存储方案呢？基本包括高速存储应用需求、数据备份需求、数据共享需求以及数据容灾需求。结构化数据即行数据，存储在数据库里，可以用二维表结构来逻辑表达实现的数据。

非结构化数据库是指其字段长度可变，并且每个字段的记录又可以由可重复或不可重复的子字段构成的数据库，用它不仅可以处理结构化数据(如数字、符号等信息)而且更适合处理非结构化数据(全文文本、图像、声音、影视、超媒体等信息)。非结构化全球广域网数据库主要是针对非结构化数据而产生的，与以往流行的关系数据库相比，其最大区别在于它突破了关系数据库结构定义不易改变和数据定长的限制，支持重复字段、子字段以及变长字段并实现了对变长数据和重复字段进行处理和数据项的变长存储管理，在处理连续信息(包括全文信息)和非结构化信息(包括各种多媒体信息)中有着传统关系型数据库所无法比拟的优势。非结构化数据，包括所有格式的办公文档、文本、图片、可扩展标记语言、超文本标记语言、各类报表、图像和音频/视频信息等。

而半结构化数据，就是介于完全结构化数据(如关系型数据库、面向对象数据库中的数据)和完全无结构的数据(如声音、图像文件等)之间的数据，超文本标记语言文档就属于半结构化数据。它一般是自描述的，数据的结构和内容混在一起，没有明显的区分。

五、开放信息资源

开放存取是 20 世纪 90 年代末国际科技界、学术界、出版界、信息传播界为推动科研成果利用因特网自由传播而发展起来的，其初衷是解决当前的"学术期刊出版危机"，推动科学信息的广泛传播，促进学术信息的交流与出版，提升科学研究的公共利用程度，保障科学信息的长期保存。

(一)内涵

开放存取也翻译为"公开获取""开放获取"，是在网络环境下发展起来的一种新的重要学术交流模式。对于某文献，存在多种不同级别和种类的、范围更广、更容易操作的存取方法，而且对文献的访问存在不同的政策和权限，文献的"开放存取"意味着用户通过公共互联网可以免费阅读、下载、复制、传播、打印和检索作品，或者实现对作品全文的链接，为作品建立索引和将作品作为数据传递给相应软件，或者进行任何其他出于合法目的的使用。上述的各种使用都不受经济、法律和技术的任何限制，除非是网络本身造成的物理障碍，唯一的限制就是，保证作者拥有保护作品完整性的权利，同时在使用作者作品时注明相应的引用信息。开放存取包括两层含义：一是学术信息免费向公众开放，它打破了价格障碍；二是学术信息的可获得性，它打破了使用权限障碍。开放存取的目的是促进学术信息的广泛交流及资源共享，促进利用互联网进行学术交流与出版，提高科学研究成果的产出率，使世界各国的研究人员都能平等、有效地利用人类的科技文化成果。

(二)开放获取资源的两种实现形式

实现学术信息开放存取的主要途径有两种：开放存取期刊和开放存取仓储。目前美国和欧洲国家已经通过开放存取仓储和开放存取期刊两种途径来探索开放存取出版模式。

1. 开放存取期刊

开放存取期刊与传统期刊一样，对提交的论文实施严格的同行评审，从而保证期刊的质量。为读者提供免费访问服务。相对于传统印本期刊而言，开放存取期刊由于以网络电子期刊为主，所以其出版成本和传播成本已经大大降低，主要采用"作者（或机构）付费出版，读者免费使用"的运行模式。其存在和发展为重建以研究人员为中心的学术交流体系发挥了重要作用。另外，开放存取期刊也开始得到传统的文摘索引服务商的认可并成为它们收录的对象。

2. 开放存取仓储

开放存取仓库不仅存放学术论文，还存放其他各种学术研究资料，包括实验数据和技术报告等。开放存放仓库一般不实施内容方面的实质评审工作，只是要求作者提交的论文基于某一特定标准格式（如文字处理或可携带文件），并符合一定的学术规范。开放存取仓库包括基于学科的开放存取仓库和基于机构的开放存取仓库。学科仓储是某些学科所利用的，目的在于研究资料的共享和保存。这些仓储在各自的领域参与的程度很高，目前所涉及的学科领域主要包括古典文学、哲学史、经济学、化学、认知科学、数学和物理学等。

（三）开放获取对图书馆信息资源建设的影响

1. 对信息资源建设战略的影响

（1）信息资源建设环境日益开放和国际化

印本期刊时代，资源的甄选、采集、组织、揭示、服务都以人工方式完成，即使用计算机代替手工实现了流程自动化，上述工作也只能在离线状态下完成，因为印本期刊没有自己的独立网站，无法通过互联网提供开放式服务。普通数据库也如此，数据库提供商需要通过控制购买者的用户数量，来增加库的销量，因此也不会提供开放式服务。开放获取期刊和知识库有自己的网站或网址，通过互联网面向全球用户开放，对使用者数量、身份、国别不设限制，数据是动态的实时更新。不同国家的科研机构、大学同时建设机构知识库、创办开放获取期刊，打破了以往资源建设环境各自为政的封闭状态，突破了地域国别的界限，将资源建设工作置于一个更加开放和国际化的环境中。

（2）越来越多的学术期刊采用互联网在线方式出版发行

互联网不仅改变了人们的阅读习惯，也造就了不可估量的网络阅读市场。出版商也意识到，与印本期刊相比，在线期刊可以大幅降低出版成本，缩短出版周期，并赢得更广泛的读者。为此，国外出版巨头经过艰难的博弈后纷纷选择了在线出版。国内学术期刊出版没有像欧美那样形成垄断，开放获取期刊对印本期刊出版利益的冲击小得多。近年已有越来越多学术期刊建立自己的编辑部网站，推出在线期刊，可免费全文检索下载过刊文章。例如：中国科学院的《应用数学学报》中文版，北京大学的《数学进展》等。国内学术期刊出版政策正由印本向数字化出版转变。

(3)对图书馆基础设施建设的要求更高

目前，国外很多大学、科研机构已将知识库作为图书馆一项基础设施来投入和建设，机构知识库的创建、维护和服务已逐渐成为图书馆资源建设的重要内容之一。机构知识库不同于普通数据库，后者虽提供在线服务，但属于封闭式局域网有偿服务。用户数量受数据库销售商严格控制，不可以无限制发展。机构知识库也不同于特色数据库，特色库通常收集了某地区在人文地理、民俗风情、社会传统等领域与众不同的相关文献数据。机构知识库收录的是机构内部产生的科研成果，它不但可以长期保存、积累科研产出，利于统一集中管理，而且可以深度挖掘和揭示机构内部的成果资源，彰显机构整体研究实力和研究水平。

2. 对信息资源馆藏结构的影响

目前，国内图书馆的馆藏结构基本上以印本文献数字化与数据库或印本文献与数据库为主，这实际上是封闭式网络与收费的模式。开放获取资源则完全不同，采用的是开放式网络与免费的模式。当某种期刊以印本期刊数字化(或数据库)和开放获取期刊两种不同版本同时作为馆藏出现在检索结果中时，毫无疑问用户更愿意选择后者。随着时间的积累，该资源的稳定性和连续性日臻成熟，被更多的人所了解和熟悉，利用率将不断上升，而数字化版(或数据库)的利用率会逐渐萎缩。届时，馆藏结构势必做出相应调整，资源建设重心将从印本资源向开放获取资源转移。

3. 对信息资源共建共享的影响

国内图书馆及信息机构为实现信息资源共享做了大量共建工作，取得了明显成绩，实现了本系统、本地区、共建单位或某一范围互联网协议地址的共享，如中国高等教育文献保障系统、国家科技图书文献中心等。系统内部人员使用时，可免费浏览、下载、打印，实现了开放获取。

外部用户使用时，则需申请、注册、开通账户、预付款等一系列手续，这些用户得到的是不平等的封闭式网络加收费的服务。开放获取则不是面向某一特定群体开放，它倡导和践行的是不分国界让人类平等获取知识，打破了以往行业、系统等条块分割的壁垒，给图书馆现行服务方式带来了挑战。开放获取的优势在于：利用互联网传播，速度快受众面广，提高了馆藏可见度。从用户角度考虑，可在任何一个地方和不同形式的终端登录，不受时间和距离的限制，使用方便快捷；无须支付获取费用，节省了时间和经济成本；消除了用户在使用过程中可能发生的侵犯作者相关权利的法律风险。从作者角度考虑，作品一经上线，全球读者即可阅读，扩大了作者及作品的影响力和知名度；作者保留版权而不是移交给出版商。

第二节 智慧图书馆的资源建设策略分析

高校智慧图书馆的信息资源建设，既包括印本资源建设，也包括数字资源建设，还应包括免费学术资源即开放信息资源的建设。

一、智慧图书馆印本资源建设

（一）智慧图书馆采访工作的智慧化管理

采访工作由"与读者脱节"走向"强化征询读者意见"。馆藏是图书馆赖以生存发展的物质基础，文献采访作为馆藏建设的第一个步骤，采购水准的高低无疑将直接对图书馆的运作效率的高低产生影响。图书馆的服务对象是读者，这是图书馆永恒不变的准则，图书馆释放出其所存在的价值的唯一途径是读者的参与和使用。读者作为图书馆馆藏服务的对象、中心、目的、动力、检验者，图书馆的各项服务都需要体现"以读者为中心"的核心理念，这才能符合智慧图书馆"以人为本，可持续发展"的内在特征及"以人为本、绿色发展、方便读者"的灵魂与精髓。可以看出，为了适应智慧理念的发展，图书馆馆藏资源的采购需更加倾向于开放化、个性化、大众化，而不仅仅局限于少数采访馆员的研究领域和个人观点。理想的情况是，所有读者均可自由地提出个性化的文献采购要求，图书馆也要据此满足读者相应的文献需求，从而真正意义上实现信息获取的人人平等。实现馆藏资源的采购由"局限于少数有权采购文献的人员"走向"读者的每个文献需求的全面开放"，即文献资源的采购对准读者的文献需求，而实现的方式有读者决策采购，图书馆荐购系统等。资源采集重点由"图书馆内部采购馆员的决策权"向"读者需求"的倾斜有效排除了相关性低、利用率低的信息，实现读者需求表达渠道的畅通及表达的有效传达将提高采购馆员的工作成效，同时也减轻了采购馆员的工作量，这也有助于将有限的图书馆经费最大限度地满足用户的个性化需求，强化了借阅者与图书管理平台的对话，借阅者与馆藏资源的互联互通。

（二）智慧图书馆馆藏管理的智慧化

射频识别管理系统是实现纸质资源智慧化的有效途径，通过对物联技术的运用，对图书馆采编、排架、流通等业务流程进行优化。目前，很多图书馆的在架书籍都配备了独一无二的电子标签。

（三）智慧图书馆馆藏存储的智慧化

纸本文献的远程合作存储。为解决物理空间紧张和图书馆致力于对实体馆藏的维护之间的矛盾，远程存储是个有效减少馆内开架书库实体馆藏的途径。远程合作存储使各分布式的图书馆共同构建异地的、高密度的，可长期保存纸质文献的存储设备，各分馆拥有本馆所存放文献的所有权，也可选择资源共享或转让文献所有权。各分馆的读者都有权力访问本馆远程存储的资源。在智慧化环境中，图书馆首先要明确它的使命和角色，并依此制订馆藏发展策略。比如：有些图书馆致力于提供对近期学术资源的获取，一些图书馆更多的是承担长期保存低利用率文献资源的职能，但未来的智慧图书馆的趋势是传统的作为保存纸本文献的图书馆正在转变为学习空间、交流中心、创新中心、创客中心，因此可以推断的是，减少馆内低利用率的纸本文献的空间改造是智慧图书馆的发展趋势之一。

二、智慧图书馆的数字资源建设

我国高校图书馆所引进的数字资源几乎涵盖了所有的数据库类型，有期刊、报纸、电子图书、学位论文、会议论文、科技报告、法律法规、专利标准、年鉴、参考工具、多媒体资源等多种类型，在多种文献类型中，数字期刊、电子图书、学位论文是引进最多的资源。

（一）高校智慧图书馆数字资源建设存在的问题分析

1. 个别高校图书馆引进数据库数量较少

在一些重点高校图书馆引进中、外文数据库调查中，外文数据库明显多于中文数据库。在引进中文数据库方面，各校引进中文数据库的数量也比较少；在引进外文数据库方面，各校引进数据库数量也不甚理想。

2. 数据库重复建设较为严重

一方面，数据库自身建设重复。比较中国学术期刊全文数据库和中文科技期刊全文数据库就可知，两个数据库包含的期刊都有8000多种，中国学术期刊全文数据库主要收录的是社会科学方面的期刊，兼收有部分科技类核心期刊，而中文科技期刊全文数据库主要收录的是科技方面的期刊，兼收有部分社会类核心期刊"两个数据库收录的期刊有大部分都是重复的，但各有侧重点"如果学校是综合性院校，文理科都是重点学科，那么图书馆在购买数据库的时候就要考虑同时购买这两个数据库，势必造成重复购买某部分数据。

另一方面，自建数据库重复建设情况也很严重。例如，在学科导航库建设方面，存在多个高校图书馆同时建设同一学科的情况。上海交通大学、北京航空航天大学、北京工业大学、电子科技大学、清华大学5所图书馆同时建设了材料科学与工程学科的学科导航库。中国高等教育文献保障系统重点学科网络资源导航库共有54家高校图书馆参与建设，完成了217个重点学科的导航库建设，基本覆盖了我国高校主要重点学科。但有些高校图书馆将中国高等教育文献保障系统重点学科导航库里的资源复制，建立自己的学科导航库，这样就很浪费人力、物力，重复建设。

3. 数据库建设缺乏统一的标准

数据库建设的标准化、规范化是实现信息资源共建共享和文献信息检索自动化的重要基础和前提之一。数据库建设的标准化主要表现为两个方面：一是数据库管理系统的标准化；二是数据库数据著录的标准化。由于我国缺乏统一的信息资源建设管理机构，各图书馆或数据库开发商，各自为政，各行其是，自由发展，在数据库建设的标准化和规范化方面处于比较混乱的状态，各系统有各自的标准。在数据库管理系统的标准化方面，具体表现在基于数据库管理系统的标引系统、检索系统和操作系统等的多种多样，数据库格式、字段不一；数据的标引、分编、检索点选取没有统一的标准和严格的质量控制，由此造成数据库的兼容性和互操作性差，原始数据处理不完备、不统一，从而影响了数据库的共享，限制了数据库作用的发挥。

4. 自建的数据库少，质量也不高

我国高校图书馆自建特色数据库中全文型数据库较少，而且建库工作基本停留扫描在已有的文献上，对文献进行深层次加工的特色数据库也不多，并且有许多高校同时建设同一学科的学科导航库，难免出现重复建设的情况。对于已建成的数据库很多高校使用互连协议地址进行限制，仅供本校用户使用，这在一定程度上违背了建设特色数据库的初衷，降低了数据库的利用率。

5. 数据库容量较小

我国高校图书馆数字资源建设的范围比较广，虽然各馆均在开发特色馆藏资源，但是数字资源建设的容量不足，大部分数据库的容量较小，且链接的资源较多。

6. 大部分高校图书馆未实现数字资源整合检索

国内大部分高校图书馆在馆藏数字资源整合方面已经进行了有效的实践，并从简单的链接整合、导航整合向更高层次的跨库检索整合发展，但由于各馆受到技术、资金等方面的制约，资源整合程度水平不一。

（二）高校智慧图书馆数字资源建设的问题解决对策

1. 明确数字资源建设的规划与原则

资源建设规划是进行资源建设的纲领性文件，是对资源建设的目标、任务、方法、步骤等内容的明确规定。数字资源建设工作的首要任务就是制定资源建设规划。数字资源建设规划是数字资源建设工作的宏观指导，为数字资源建设工作提供政策性的标准和规范，为数字资源建设、数字资源服务与共享提供依据。

高校图书馆应该根据学校、图书馆的发展规划，学校学科建设情况，图书馆的购书经费等条件，制定数字资源的建设规划。建设规划应该包括数字资源建设的目标、方针、程序、模式、建设任务、建设重点、时间规划等内容。

数字资源建设应该遵循以下几个原则。

（1）需求原则

数据库的建设选题要立足用户需求，不能盲目，要考虑到教学和科研的实际需要，考虑其实用价值和需求程度。具体说来，一方面要满足读者需求，即数据库建设的最终目的是为更多的读者提供更大的便利，如果没有读者的需求，便失去了建库的意义；另一方面要适应学科的发展要突出重点学科和专业的特色，紧密联系教学和科研的需求，以考虑对教学科研起促进作用，对社会发展和经济建设创造效益为准则。

（2）特色原则

未来高校图书馆是互联网的重要组成部分，特色是数字资源开发和利用的生命，没有特色就没有竞争优势和发展潜力。因此，特色数据库在内容选择和编排上应具有鲜明的资源特色，如民族特色、地方特色、学科特色等，形成特色优势，满足用户对特色文献信息的需求。要考虑本数据库是否在本行业乃至全国高校范围内具有特色权威性，是否是其他综合型数据库无法替代的。

（3）标准化与规范化原则

在数字资源建设中，必须遵循一套标准和规范的解决方案，以便实现数字资源的长期存储、相互操作和数据交换，达到分布建设、网络存取、资源共建共享之目的。因此，在技术平台的设计建造以及网络信息服务系统构造等数字化建设中，应始终坚持选择统一、通用标准，协调与规范，以及可兼容的应用性软硬件。

（4）共建性与共享化原则

网络信息时代，任何单一的高校图书馆都不可能完全将所有的信息资源收集齐全，而单纯依靠自身的信息资源、人力资源所开展的信息服务也不能满足读者日益增长的信息需要。在这种环境下，中小型高校图书馆更应积极参与到全国性、地区性或本系统的共建共享活动中，如数据库的联合购买，特色数据库的合作建设，馆际互借以及开展联机合作编目等。共建与同享可提高图书馆数字化建设的效率与效益。

（5）安全性与可靠性原则

图书馆在数字资源建设时要对大星的数字资源进行加工、存储、传递和管理，并利用网络对众多的终端用户提供各种信息服务，因此系统的安全性十分重要。在建设过程中要选择技术成熟、性能安全可靠的信息存储与网络设备，进行数据自动备份，采用先进的网络管理系统，并利用网络管理系统的监测、诊断、过滤、故障隔离、在线修复等功能确保网络系统的安全性和数据的可靠性。

（6）保护原则

许多历史悠久的高校图书馆保存了珍贵的孤本、善本、古代图片、照片等特藏史料。从保护资源的角度出发，各馆都采取了只藏不借的封闭式保护措施。一般说来，只对个别专业研究人员提供阅览服务。这样一来，大大影响了珍贵特藏史料本身学术价值和研究价值的开发利用。这类特藏史料急待采用数字化技术进行处理，并制作成数据库，提供用户浏览和检索功能。这一举措既有利于保护我国优秀的文化遗产，又有利于对文化遗产的研究、开发与利用。

2. 加大力度引进中外文数据库

一方面，中文数据库商出于自身利益的考虑，大部分数据库是大而泛，数据量比较多，购买费用也比较高。高校图书馆在引进中文数据库的时候要综合考虑数据库的使用效果、学科专业建设、重复引进、经费投入等问题，合理引进中文数据库。在经费允许的条件下，根据学科专业建设情况，尽量多引进专业性数据库，满足多学科的教师和学生的科研学习需要。

另一方面，图书馆要在数据库的引进上变被动为主动。目前许多图书馆在引数据库时缺乏主动性，绝大多数仍处在代理商上门推销的被动试用、接受阶段。我们应当通过多种渠道了解全球专业数据库的出版信息，变被动为主动，努力做好图书馆信息资源建设。

3. 加强高校图书馆自建数据库的建设

我国高校图书馆引进的数据库比较多，而自建的数据库比较少，自建特色库的质量也相对较低，本身数据库的资源也比较少，基于以上问题，如何加强自建特色数据库的建设，应该做好以下几方面的工作。

①集中精力收集具有某种优势的信息资源。收集本校师生论文/著作，建成相应的数据库，在图书馆主页上链接，提供给读者检索，是构建特色数据库的一个可行方法。同时收集相关收录和被引用情况，既能反映出学校科研的水平，又能提升服务层次，更好地显示出本馆数字资源的特色。高校图书馆还可以结合本地地方特色资源，建设具有浓郁的本地特色的数据库。

②对所收集的文献信息进行深加工，形成一批质量较高的二三次文献。文献信息资源的深层次开发是图书馆信息化建设的重要内容。在信息化建设中计算机和应用软件等环境只是信息资源建设的主要技术条件和手段，而信息的组织、储存、加工、整理、规范、开发则是信息资源建设的重要基础性和关键性的工作。它直接关系到信息化建设效益，影响着国民经济的发展和科技的创新，是一件比软件、硬件配置更为重要、更为复杂、更为艰苦和更为持久的系统工程。深层次的文献信息资源的开发不仅是为了充分揭示图书馆的馆藏文献信息资源，更主要的是为了更好地提供利用。要抓好图书馆的信息化建设，促进文献信息资源的深层次开发，必须根据信息量化程度的难易、数据量的大小，统一规范系统

数据，制订各专业数据库的建设规划、发展、标准和实施步骤，分工合作、有条不紊、分期分批地进行文献信息资源的全面建设。

③根据重点学科、重点课题，对国内外该研究领域的新观点、新思潮、新动向进行跟踪，提供定性、定量的专题报告和论点汇编，高校图书馆具有文献资源优势，丰富的馆藏特色文献为重点学科、重点课题数据库的建立储备了良好的资源基础。图书馆担负着学科建设的资料存储和资源建设的重要任务。有些高校已经成立某些学科领域的学科文献中心，因此，高校图书馆的重点学科文献相当丰富，文献内容的广泛性、系统性、连续性，有利于重点学科数据库的建设。例如，清华大学的建筑数字图书馆、北京林业大学的林木育种数据库、内蒙古大学的蒙古学特色数据库等建设都与本校的重点优势学科紧密相连。

4. 加强高校联盟，实现资源共建共享

由于经费短缺，再加上数字化资源价格的逐年上涨，使得高校图书馆数字化建设长远规划难以制订和实施。建议要通过立法来确保文献购置费在学校经费中所占的比例，教育部也应明确文献购置费的核定比例，并且加强监督和指导。另外高校之间以及相关的主管部门、厂商、系统商等要加强联盟，共同来想办法解决经费短缺问题。

实现各高校数字化图书馆之间的互连和资源共享，是数字化图书馆发展的必然趋势，也是解决资金短缺的一个重要举措。资源共享的基础是共建，因此要在管理体制和资源配置方式上进行改革，变单一建设为集中建设，变封闭式管理为开放式管理，改变人而全、小而全的思想，避免重复建设，浪费大量的资金和时间。各馆要转变观念，树立全局意识，把自身建设放在资源共建共享的大环境中来考虑，积极参与数字资源的整体化组织与建设，通过紧密协作，统一规划，统一标准，在互惠互利的基础上制订高校数字化资源建设的整体目标。另外要根据各个馆的功能和定位，确定数字资源的订购范围，合理地分配各图书馆数字资源建设规模，尽可能地把各个图书馆的经费投入集中起来进行数字资源的整体规划，形成一个资源共建共享的运行机制，建设"大图书馆"的数字化资源，最终实现数字资源分布式存储和管理、集成化"一站式"检索和利用的格局。

5. 加强数字资源整合检索建设

数字资源整合不能简单地理解为"库集合"和"库链接"。数字资源整合是一种数字资源优化组合的存在状态，是依据一定需要，对各相对独立的资源系统中的数据内容、功能结构及其互动关系进行类聚和重组，重新结合为一个新的有机整体，形成一个效能更好，效率更高的新的数字资源体系。数字资源的整合程度直接关系到其能否被高效吸收及利用。

（1）基于联机公共目录检索系统帮助的信息资源整合

这是一种基于传统书目管理的整合模式，该系统是高校图书馆众多资源中利用频次较高的，如果能以此系统为基础，整合更多的资源和服务将会极大地提高图书馆现在所有信息资源的利用率。现在高校图书馆都拥有自己的馆藏书目公共查询系统，有少则几十万，多则几百万的编目数据，以该系统为基础平台整合其他文献资源是一种比较容易考虑到的思路，其突出的优点是让读者在不知不觉中跨越馆内资源和书目服务的局限，方便地使用到馆外的或数字化的文献资源，而无须花时间和精力熟悉新的系统和操作方式。常见的做法有两种：一是通过开放系统互联协议聚合不同的联机公共目录检索系统帮助系统，整合生成联合的馆藏书目查询系统，这样的实践已经比较多，主要用于传统书目查询系统之间的整合；二是通过在以对网上电子资源的定位和存取进行规范字段中记录电子文献的统一资源定位系统，实现在实体馆藏中揭示并链接全文电子文献的目的。

（2）基于跨库检索的信息资源整合

某个学科的文献资料可能包含在多种数据库中，尤其是交叉学科，读者要完成某个课题的检索，往往要通过多个数据库进行多次检索，才能将与该课题有关的文献找全。而每个检索系统都有各自的检索界面和检索方式，检索式构造规则、检索算符、检索字段等都不尽相同，这给读者的资源检索造成了相当的困难。如果能在同一个检索平台下，实现多数据库同时检索，将极大方便读者。对异构数据库进行资源整合与统一检索，将大大提高读者对信息资源获取的效率。跨库整合检索可分为两个层次：第一层次是检索界面整合；第二层次是实现数字资源系统间的分布式异构整合检索。

（3）基于资源导航的信息资源整合

资源导航系统指将信息资源的检索入口整合在一起，建立资源导航库，提供按信息资源名、关键词、资源标识等获取资源的途径。资源导航系统功能主要是帮助读者更加全面了解信息资源，供读者浏览或按一定的特征来检索，并提供该资源的检索入口。资源按其形式类型可以分成书目资源、期刊资源、数据库资源、电子图书资源、电子报纸、会议文集等，可以分别建成相应的导航系统。当前我国高校图书馆以期刊数字导航系统和数据库导航系统为主。为了使资源导航系统达到预期的功能，要确定揭示的内容，信息资源内容揭示的详细程度决定了资源导航系统功能能否充分发挥。每种形式类型的信息资源要揭示的内容是不同的，如建立期刊数字导航系统要揭示的内容包括刊名、关键词、学科分类、语种分类、出版商、国家标准连续出版物号、该刊的统一资源定位系统、出版商的统一资源定位系统、全文起始年限、期刊详细介绍等相关信息。资源导航系统一般都有以下几个基本功能：书刊名称字顺浏览功能、分类浏览功能、关键词检索功能，这3个基本功能将帮助读者迅速找到信息资源，并利用超文本链接提供检索入口，对该资源进行全文或目录检索基于超级链接的信息资源整合。利用网络超文本链接特性，可以将文献的有关知识点链接起来，将有关的信息资源链接在一起，形成一个具有内在联系的有机整体，以方便读者利用各类信息资源为目的，这就是链接整合。在链接整合过程中我们应该注意以下几个问题。从读者方便的角度讲，链接点的设置应该越多越方便，但太多容易造成迷航。信息资源的分类一般都要按一定的原则来进行，资源的分类很重要，其分类是否科学、符合读者使用习惯等问题关系到能不能快速得到所要的资源。科学文献之间不是孤立的，而是相互联系、不断延伸的系统。文献的相互引证反映了科学发展的客观规律，体现了科学知识的累积性、连续性和继承性，以及学科之间的交叉、渗透。众多的学术论文通过引用与被引用关系形成复杂的引文网络，如果能在信息资源中利用超链接的特性通过参考引文把所有资源都联系起来，形成一种反映各知识点之间直接和间接关系的知识结构性网络体系，对于学术研究将是非常有价值的。理想的引文链接以参考文献为线索，将所有的信息资源都整合成一个具有知识关系的网络，是一种非常理想的、独特的整合方法。

三、智慧图书馆的开放信息资源建设

开放获取一直是近年图书馆学界研究的热点问题之一。之所以成为热点，主要原因是由于开放获取的出现让印刷型学术文献从出版媒介、发行渠道以及传播和服务方式都发生了根本改变。近几年，国际上开放获取发展势头迅猛，越来越多的大学、研究院所、学术联盟或科研资助机构发布、强化已有开放获取政策，或创建知识库，甚至传统学术期刊出版商也已经陆续向开放获取出版领域转型，抢占开放获取出版市场，使该资源数量快速增长。

智慧图书馆的开放信息资源建设策略应做如下改变。

（一）图书馆应根据本馆职责、任务及服务对象的需求，组织专门力量对开放获取资源进行专门调研

图书馆是外文期刊的主要购买和服务提供者，印本期刊开放获取对订阅方式、采购预算、馆藏结构及服务都产生了影响。哪些刊属于金色开放获取，哪些属于混合式开放获取，各由哪些出版商出版？哪些开放获取刊可以长期保存，是否可以替代部分印本期刊？都是摆在图书馆面前的现实问题，亟须组织人力进行专门、深入的研究，为合理布局馆藏结构、优化资源配置、提升预算使用效率提供可靠、可行的参考依据。

（二）在图书馆网站首页开设开放获取专栏，以利于读者或用户清楚识别、使用开放获取资源

据调查，国内大学、科研单位及图情机构对国内外开放获取资源的组织有两种方法，一种是在图书馆网站首页上的"数据库导航""网络资源""电子资源"或类似栏目中对混合排列的开放获取与非开放获取资源逐一作简要介绍和地址连接；另一种是在网站首页开设"开放获取"专栏，对开放获取的概念、发展、知识库、自存档以及每一种开放获取资源等相关知识集中组织、逐一介绍。从资源利用的角度考虑，似乎后者的组织方式更值得推介，不但起到了宣传、普及开放获取知识的作用，而且能让使用者更清楚地辨识哪些属于开放获取资源，在使用方法和形态上与传统文献或数据库有何不同，更有益于开放获取资

源的推广利用。资源建设工作的每一次革新，每一项新技术的应用，最终受益者都应该是用户。

（三）开放获取资源作为一种优质学术资源，应成为馆藏资源建设的重要组成部分，以推动馆藏资源的广泛共享，提升馆藏利用率和显示度

开放是共享的前提，没有资源的开放，就不可能实现广泛的共享。图书馆应从发展战略、采购预算、馆藏结构、组织揭示、服务提供等资源建设对开放获取资源予以计划安排。特别是科技管理部门的政策支持是开放获取资源建设快速、健康、可持续发展的重要保证。资源建设的出发点应从两方面入手：一是合理安排预算，用有限经费实现最佳资源配置；二是尽最大努力满足用户研究、教育和学习的需求。因此，图书馆应尽一切可能为用户提供使用上的便利，创造条件使知识交流渠道更加畅通。交流渠道的畅通有助于协同创新。

第三章
高校智慧图书馆知识服务

第一节 高校智慧图书馆知识服务情况

随着物联网、云计算以及移动通信技术的发展，在智慧时代相关理念的提出和影响力度下，近年来，国内高校图书馆在基于智慧时代图书馆服务创新的道路上已经开始迈开步伐，注重用户服务改革与创新。当前国内高校图书馆服务创新实践的主要形式与内容有：①移动服务。在传统的短信服务和服务的基础上，推出新的移动服务方式和服务平台，例如二维码、服务方式和统一的信息服务整合平台。②空间服务。开展基于图书馆建筑物理空间以及网络虚拟空间的信息服务，例如图书馆第三空间服务和网络信息共享空间服务。③知识服务。在传统信息服务的基础上，更强调面向用户信息需求与所处的信息环境提供的知识产品与服务，强调参与用户问题解决的整个过程并提供相应的解决方案，包括知识发现服务、专题情报服务、学科服务以及相应的知识产品。④物联网服务。以技术应用为主，例如基于技术的自助借还系统和智能馆藏管理系统。⑤云服务。包括云存储、云资源共享、云知识库等服务。

一、重点高校图书馆基于智慧时代的服务创新实践现状

总体来说智慧时代的高校图书馆服务创新实践在国内重点高校处于初步发展阶段，但已经得到逐渐深入，并且取得一定突破。

当前大多数国内重点高校图书馆都相继开展了基于智慧时代的服务创新实践，实践形式多样，大部分高校都开展了相应的服务项目，有了较大进展，但在服务内容上深度不够，方式单一。有些高校图书馆在具体的服务项目实践上勇于创新，积极拓展服务内容，优化服务质量。

（一）移动图书馆服务创新的实践情况

第一，移动图书馆服务开始深入人心并且逐步得到优化和推广。传统的移动图书馆服

务模式主要是短信服务和无线应用服务，服务内容大多是原有图书馆基础服务的内容搬迁，在服务内容的深度方面难有创新和突破。基于智慧时代的移动图书馆服务模式突破了传统的服务方式，提供基于无线应用、电子软件、二维码等多种方式并存的创新服务，从传统的基本服务转为面向空间、面向时间、面向情境的智能化服务。国内重点高校在移动图书馆对于高校图书馆服务建设的重要性上已经基本达成共识，将近92%的高校开通了移动图书馆服务，并且在服务方式和服务内容上有所创新和突破。通过调研发现大多数图书馆都将移动图书馆以及新功能的介绍放在网站首页的显著位置，并且还设置相应的移动服务体验区进行普及和推广，增强用户认知，可见移动图书馆服务在国内重点高校图书馆的发展已经逐渐深入人心。虽然与同期国外高校图书馆的建设水平还存在一定差距，在具体的服务内容建设上还远未达到智慧时代图书馆移动服务的功能要求，但可以看到国内重点高校在移动图书馆服务建设与创新的重要性方面已经基本形成共识，并积极努力实践和进行推广。

第二，移动服务方式多样化，新兴服务方式开始得到关注和应用。在服务方式上分别有15所、33所、26所、35所、3所高校图书馆采取了短信服务、无线应用服务、二维码、电子软件移动应用客户端和移动设备借阅的服务方式，并且将近80%的院校图书馆有两种或者两种以上的并存服务方式。无线应用服务方式和电子软件服务方式的覆盖率高达80%，二维码也占有不少的份额。由此可以看出，我国重点高校图书馆移动服务方式已经从传统的短信服务方式走向多种服务方式并存，二维码、电子软件等新兴服务方式快速发展的格局形态。此外，有些高校图书馆还设立移动服务用户体验区，提供移动设备外借等人性化服务。

第三，在服务内容上大多是图书馆传统服务的内容搬迁，缺乏个性化、专深化与整合化的服务内容。所开展的移动服务主要集中在馆务信息(概况及开放时间)、新闻通知讲座培训、图书馆动态、信息查询(借阅、预约、续借、取消)、馆藏目录查询、数字资源检索、资源阅读方面。涉及面向时间、空间、情境的基于位置的移动图书馆服务几乎没有，在知识统一检索、流媒体服务、用户虚拟交流平台和移动云服务方面的内容涉及也较少。

第四，移动图书馆系统的开发与应用缺乏自主性。大多数院校使用的移动图书馆服务系统是超星移动图书馆系统和汇文移动图书馆系统，还包括少数书生移动图书馆系统，鲜有结合自身馆藏建设量身定制独立开发的移动图书馆系统。移动图书馆千篇一律，千馆一面，缺乏按需定制、结合本馆特色的服务功能。

第五，注重创新，勇于尝试与实践。"985工程"院校图书馆分别在移动资源统一发现、全文阅读与获取、在线学术交流服务、移动客户端应用、移动互动服务终端、与校园移动门户的整合、语音搜索、流媒体服务、云阅读与云共享服务、移动信息共享空间、移动设备外借等内容服务方面有了较大尝试以及创新，其中清华大学还应用了智能聊天机器人、数据库移动资源馆藏地图等新的体验服务，为国内移动图书馆服务的建设和开展提供了参考和借鉴。

（二）知识服务创新的开展情况

知识服务是高校图书馆服务建设的重要内容，国内高校图书馆由于知识资源共享体系建设的不足以及受馆藏资源类型单一性的限制，知识整合度相对较低，专题情报检索服务能力相对薄弱，个性化知识服务和学科服务在高校图书馆服务建设中还未得到重视。传统的知识服务其实仅停留在信息服务的表层。基于智慧时代的高校图书馆知识服务主要体现在知识发现与服务平台的构建、学科馆员知识服务、专业化知识服务、参考咨询、个性化知识服务以及知识交流社区的构建上。

第一，知识服务主要项目的开展已经较普遍，并且注重在服务方式与服务内容上的创新。信息服务向知识服务的转移已经开始得到重视，知识服务不再是简单的传统地停留在简单信息加工、检索与传递层面的信息服务的继承。通过调查发现国内重点高校图书馆知识服务创新开展的形式主要为集成的知识发现平台、参考咨询服务、学科化服务和专题情报服务。

第二，大多数院校开通了知识发现服务，但整合力度相对较低，一站式知识门户的建设处于起步阶段。当前国内高校图书馆在建立统一的知识门户或者说是学术资源门户方面的实践尚在少数，仅有4个。大多数重点院校都建立了集成的知识发现平台服务，提供集成的知识检索入口。此外绝大多数的院校购买了商业机构提供的知识发现系统或者数据知识库，但是相互独立，并且分散，由于版权以及图书馆技术等各方面因素的限制，缺乏有效整合。

第三，参考咨询服务与学科化服务发展迅速，专题情报检索服务覆盖面广，但服务能力相对薄弱。专题情报检索服务覆盖了所有重点高校图书馆，但需要注意的是这些专题情报服务的层次相对较低，服务延伸不足，功能拓展不够全面，其中科技查新、查收查引和定题服务是其服务的重要形式。

第四，在知识服务模块方面积极探索优化途径，勇于开拓创新。北京大学构建了集成、统一、个性化和特色化的知识门户，应用了智慧的知识发现系统——"未名搜索"，创建了知识导航系统和知识交互分享功能，在学科化知识服务方面大力促进学科服务的建设，建立学科馆员制度和学科博客。清华大学建立了学术信息资源门户，集知识导航、整合检索、一站式知识发现平台——水木搜索、个性化服务于同一个门户平台，在学科服务方面完善学科馆员制度，配备了学生顾问和教师顾问，构建了以学者为中心的知识网络。哈尔滨工业大学构建了基于知识应用、知识沉淀、知识创新、知识共享的读者社交网络。湖南大学基于学科服务建立了学科共享空间。重庆大学创建了读者个人知识社区——我的书斋。此外，绝大多数图书馆都提供了科技查新、定题检索等专业化情报服务。

（三）空间服务的开展情况

空间作为图书馆存在的重要形式，近年来逐渐得到高校图书馆决策者的重视。传统高校图书馆的空间服务形式主要是以提供自习室、会议室、阅览室等基本物理空间为主要形式，而基于智慧时代高校图书馆真正意义上的空间服务是集合信息共享空间、智能空间、休闲空间、艺术空间、体验空间等元素的集合。

第一，总体来说空间服务的开展相对滞后，但已经开始引起关注并得到实践。高校图书馆开展基于空间服务的实践相对于发展较晚，由于服务理念相对落后，资金技术相对缺乏以及用户在此方面的需求没有得到有效挖掘和重视，当前高校图书馆空间服务的实践相对于庞大的高校办学规模和服务人群，总体来说还比较滞后，主要表现在建设数量少、规模小，实践形式单一，服务功能还不够完善。高校图书馆在借鉴优秀、完善实践经验的基础上，陆续开始空间服务的创新和建设，尽管在建设数量规模以及实现功能上还存在不足，但是可以预见空间服务在未来国内高校图书馆的建设中将逐渐得到关注和认可，将成为图书馆转型与超越的重要形式之一。

第二，信息共享空间(学习共享空间)模式是主要形式，实践形式较单一，推广力度较小。"985工程"院校图书馆的空间服务建设主要集中在信息共享空间的建设上，侧重于实体空间的建设，主要分为学习空间、电子阅览区、视听区、社交空间、知识交流空间、新技术体验区、展览区、报告厅、支持设备设施区等，主要提供多媒体服务，研究创新服务、学习辅助和休闲服务。而第三空间、智能空间的提法几乎没有，虚拟空间的构建相对不足，目前只有湖南大学图书馆通过在其学科门户网站的建设构建了网上信息共享空间，集学科服务网站、个人自愿共享空间、网上学术研究室和馆内协助管理平台于同一空间。

第三，在服务的宣传和推广方面力度不大。有些高校拥有信息共享空间的实体存在，然而在图书馆的网页上没有得到体现和宣传，有些虽然可以在图书馆主页上找到，但是却隐藏在使用说明或者二级、三级栏目下，用户很难在进入图书馆网站的第一时间获取相关服务的内容和信息。

(四)物联网服务的开展情况

目前高校图书馆基于物联网技术在用户服务层面上的应用主要是应用技术创新服务，主要的服务模式是射频识别自助借还服务模式，除此之外还包括自助图书亭、自动定位和导航服务、智能预约书架、基于该技术的个性化用户服务等模式。通过调研以及辅助参考相关文献资料，得出目前射频识别技术在国内重点高校图书馆的应用现状。

第一，射频识别技术在国内高校图书馆应用较晚，在一定范围内得到部分实践和应用，不同程度上实现了图书馆管理的人性化、自动化和智能化。

随着射频识别技术的普及，图书馆应用该系统取代传统的基于条形码技术的管理和防盗系统，构建自动化、智能化的新型管理模式，已成为一个必然的发展趋势。

目前，全世界已经有5000多所图书馆在使用射频识别系统，并且每年新引进该系统的图书馆数量还在以30%的速度增长。

射频识别技术也必将引发图书馆先有管理和服务模式的巨大变革，必然将给图书馆今后的发展注入新活力。复旦大学在实现射频识别自助借还的基础上还开通了跨校区通借通还、图书定位、图书校架、馆藏盘点以及图书馆查询三维导航服务；北京理工大学除了具备射频识别自助借还功能外，还拥有自主知识产权的创新型射频识别闭架书库系统，在全封闭书库存储空间中实现无人自助图书借阅、自助归还、新书上架以及自动盘点功能；电子科技大学应用该技术实现的主要功能包括自助图书馆、24小时自助还书机、智能分拣系统和管理系统等功能。

第二，应用模式以自助借还服务为主，与全面的射频识别功能的实现还存在一定差距。目前国内重点院校图书馆应用此技术实现的服务功能主要为自助借还服务，应用的主要系统为射频识别自助借还系统和智能馆藏系统，引进的设备主要为射频识别自助借还书机。虽然射频识别技术的应用在国内逐渐升温，但是通过调研发现，此技术在国内高校图书馆的应用还不是非常全面与完善，基本停留在传统的自助借还应用模式上，以此满足用户基本的借阅需求，并且在技术与系统的引进过程中，较少针对本馆资源与用户的实际需求设计开发相应的系统与服务。

第三，实现深度与广度的推广还存在许多阻碍与限制因素。虽然技术的发展迅速，但在国内高校图书馆的应用还处于探索阶段，很多高校图书馆在有限的资金条件和技术水平下对图书馆是否要引进物联网技术还持等待与观望态度，不愿轻易尝试，都期望能够从其他图书馆的应用过程中得到更多经验与借鉴，希望这项技术的发展能够更加成熟与完善。当前物联网技术在图书馆的应用推广受限的主要因素有：①成本因素。例如单价约为0.5美元射频识别标签价格相对于数以百万计的馆藏资源的巨大成本投入，负担较大，另外还有设备、技术的成本花费。②技术因素。目前物联网技术最核心的深度传感技术尚未成熟，传感器节点的感知问题是限制物联网发展以及在图书馆推广使用的重要因素，另外射频识别技术以及通信技术等解决方案也尚未完善。③标准规范因素。目前物联网的发展尚未确立统一的行业标准和数据规范，在通信接口与协议方面还未达成统一的标准规范，与图书馆的自动化系统整合难度较大，不利于高校图书馆之间的资源共建共享。此外，物联网技术的应用还存在安全隐私问题和政策问题。因此，目前尚未在大范围内得到推广和使用。

（五）云服务的开展情况

云计算技术的发展给国内高校图书馆既带来机遇又带来挑战，机遇主要表现在：①降低图书馆成本。图书馆能以较少的费用投入获得较多的资源和极高的计算技术能力。②最大程度实现资源共建共享。③实现图书馆资源和计算技术能力分配最优化。而云计算给图书馆带来的挑战主要是高校图书馆如何在资源共享最大化的信息环境下保持自己的信息核心地位，如何在众多的云计算提供商中生存并且持续保持自己的信息服务优势？此外随着资源共享服务的开展，图书馆还面临数字资源版权问题的挑战。国内重点高校图书馆云服务开展的现状主要如下。

第一，云服务的开展目前处于探索阶段，理论多于应用，探讨大于实践。云服务概念提出的时间并不长，云计算技术的应用在国内图书馆界起步较晚，高校图书馆在云计算领域的关注主要集中在理论方面的探讨。由于其投入的成本巨大以及受到技术本身发展的限制等各方面因素的制约，目前高校图书馆自身在云服务的应用实践方面还比较少，大多是基于其理论的研究和探讨。国内高校图书馆领域目前应用云计算的典型案例是中国高等教育文献保障体系的"数字图书馆云战略"，即设计和开发该数字图书馆云服务平台，旨在为全国近 2000 个高校成员馆提供标准化、低成本、自适应、可扩展的高校数字图书馆云服务平台。中国高等教育文献保障体系采用云计算在全国构建分布式的数字图书馆云服务平台意味着高校数字图书馆云时代的开启。

第二，在服务模式上以国家性或者地区性的大型云服务项目为主导。高校图书馆云服务的主要模式包括云数据库、云服务平台、云终端应用三个方面。由于目前云计算技术的发展处于初步阶段，国内高校图书馆自主应用云计算技术提供的云服务几乎很少，调查发现国内重点高校图书馆提供的云服务主要是以应用中国高等教育文献保障体系三期项目、国家科技文献中心、中国高校人文社会科学文献中心和联机计算机图书馆中心提供的服务为主。各高校采取的服务模式相对集中与单一，主要应用以国家或者地区牵头建设与开展的服务项目，自主应用云计算技术开发的服务还没有。

第三，在服务内容上主要集中在云数据库、资源检索与导航、联合虚拟参考咨询以及文献传递和馆际互借等方面。39 所"985 工程"院校图书馆的云服务应用主要集中在云数据库这一模块，此外有些图书馆在移动图书馆服务方面应用了云计算技术，提供基于云计算的云资源共享、整合搜索和移动阅读服务，基于元数据的一站式搜索（依托云服务架构，查找和获取的内容包括电子图书、期刊论文、报纸，以及学位论文、会议论文、标准、专利等中外文文献）、云资源共享（通过邮箱接收电子全文，系统接入文献共享云服务的区域与行业联盟已达 78 个，加入的图书馆已有 723 家）、24 小时云传递服务、云阅读模块、云阅读资源（包括多媒体）、泛舟云阅读享受。一些图书馆应用了基于"云端"管理的学科服务平台，一站式学科资源导航平台，这是目前国内重点高校图书馆建设和使用最多的学科服务平台。

二、一般高校图书馆的服务创新实践现状

第一，一般院校图书馆的服务创新实践相对滞后，开展力度不大。智慧时代的图书馆服务创新实践涉及技术、设备、资源、物理建筑等各个方面的建设，需要充分的人力、物力和资金条件做保障。一般高校图书馆相对于重点高校图书馆建设经费有限，优秀人才稀缺，同时在政策上也相对缺乏优势，在馆藏规模与建筑空间面积上与重点高校图书馆存在一定差距，在新技术、新理念的实践上也相对滞后。一般院校图书馆基于智慧时代背景下

的图书馆服务创新相对滞后，有些院校图书馆甚至没有此方面的实践和尝试。

第二，智慧时代的服务创新理念得到关注，并且开始部分尝试。虽然一般院校图书馆的服务创新实践力度较重点高校图书馆相对落后，还存在较多不足，但是可以看到智慧时代的服务创新理念已经开始得到关注和认可，可以预见随着信息技术与高校图书馆的不断发展，基于智慧时代的服务创新实践在国内一般院校图书馆将逐渐得到关注和推广实践。

第三，在服务方式上，大部分集中于移动图书馆服务、知识服务与云服务，应用物联网与云计算的服务创新方式所占比例较小。移动图书馆的开通比例超过50%，说明近年来移动图书馆服务在一般院校图书馆的应用已经得到重视，形成基本共识，这也与当前移动通信技术的逐渐成熟以及成本规模控制的下降有关。此外，知识服务与云服务在一般院校图书馆覆盖率较高，主要原因有两方面：其一，知识服务主要由信息服务转变而来，信息服务是高校图书馆服务的主要内容和核心，知识服务由信息服务发展而来，其基础较好，高覆盖率可想而知。其二，针对云服务项目的调查主要是国家性、地区性牵头建设的大型云服务项目，其覆盖的高校图书馆数量较广。

第四，服务内容的广度与深度相对不足，较为单一。在移动图书馆服务方面，大多数一般院校图书馆选择超星公司的移动图书馆系统，依托其海量信息资源和云服务共享体系，为图书馆用户提供资源检索与获取、自助借阅管理和信息服务定制的一站式解决方案，服务内容缺乏针对性；在空间服务方面，仅上海师范大学图书馆提供了信息共享空间的服务，以电子教室、讨论室、咨询区、多媒体制作室的形式整合互联网络、计算机硬件设施以及各种类型的文献资源向高校图书馆用户开放；在知识服务方面，学科服务、专题情报服务是其主要形式。

总言之，一般院校图书馆服务创新的实践相对滞后，在服务方式上较少引进新技术，与其他机构的合作力度较低，服务理念相对落后，在服务内容上，服务创新项目较少，基本是在原有服务的基础上的搬迁与整合，在服务创新的推广上宣传面较窄，推广力度小，没有得到足够的关注和重视。

第二节　高校智慧图书馆知识服务支撑体系

一、体系结构

系统或模式运行的基础就是有一个体系为它做支撑。智慧图书馆知识服务模式的支撑体系，基本上可分为四个部分：技术、资源、组织和应用。组织层是注重用户和馆员的开发，通过定期的培训让用户和馆员的心智得到提高，通过实时的交流，合作学习，馆员和用户之间有望达成共同心智，这为开展智慧图书馆知识服务提供了良好的基础。资源层通过图书馆及其资源的集群化，知识的深度挖掘和构建良好的资源保障体系将丰富的馆藏资源进行良好的保存和管理，为用户所用。技术层运用物联网、云计算、射频识别等高新技术为智慧服务提供技术上的支持。应用层是通过建立门户网站、搜索引擎、移动端知识服务平台等来为用户提供便捷、高效、人性化的智慧服务。

二、组织

（一）加强图书馆员的素质及能力

智慧图书馆知识服务的三个要素是图书馆员、用户和知识。图书馆员是知识和用户之间的"桥梁"，只有"桥梁"建的稳固、扎实才能充分地将用户和知识完美结合起来从而达到事半功倍的效果。首先，图书馆员应该树立敬业、奉献精神，敬业指图书馆员要提高自身的专业素质，馆员应该在认真工作的同时积极提升自己的智慧和专业技能水平，努力学习完成自己的本职工作所需要的各种知识和技能。奉献指的是图书馆员的服务，图书馆的属性之一就是服务性。作为图书馆的馆员应该具有默默无闻的奉献精神，应该时刻谨记他们的职责就是服务用户，以为用户解决问题帮助用户提升素质为自己的使命，应该遵循智慧图书馆以人为本的服务理念。如果图书馆员还是采取被动服务、消极服务的态度的话，即使图书馆的建筑、设备再先进，馆藏再丰富，服务再智能，用户也会敬而远之，因为用户永远都是把服务放在第一位的。

其次，图书馆员应该具备良好的道德素质。和谐社会中，图书馆是精神文明建设的阵地，馆员作为图书馆的守护者、用户的领路人应该时刻加强自己的职业道德规范。图书馆员在做好自己本职工作的同时，必须确立良好的道德观念，甘为人梯，乐于奉献；兢兢业业，忠诚敬业；修身养性，服务他人；不断进取，开拓创新。只有这样，才能充分发挥自身的优势。

最后，图书馆员应该在掌握自身专业知识的同时，培养自己其他方面的知识和技能，做一个全面知识型人才。馆员应该不断加强自身的知识储备，锻炼日记归纳、分析、整合知识的能力，注重知识的深度挖掘，提升自身的心智和智慧，只有这样馆员才能更加了解用户的心理，与用户达成共同心智，为用户解决问题。在智慧图书馆里，馆员还应提高外语能力、社会交际能力、计算机和网络管理能力等，只有注重各方面知识的学习，提升自己的能力才能摆脱过去那种低层次、初级化的服务模式，才能在社会大众面前重塑自己的形象，获得尊重。

（二）注重对用户的开发和培训

由于科学技术和互联网技术的快速发展，用户能够获取的资源越来越多，但由于各种资源出处不同、资源的质量有高有低等原因，使得用户在面对杂乱无章的资源时常常茫然失措，不知道哪个才是最适合自己的。由此注重对读者的开发和培训是智慧图书馆服务不可或缺的重要内容，智慧图书馆有义务将知识的种子播撒到每一个用户手中，要拓展和经营自己的用户群体，始终把以人为本的理念放在心中。在智慧图书馆环境下，提高用户的知识素养有以下三种方法。

1. 泛在学习

智慧图书馆可以将泛在智能技术融入读者的开发和培训中，比如为用户提供不受时间和空间限制的学习氛围，与用户全天 24 小时保持实时交互，提供用户彼此交互的服务平台，让用户自己可以共享资源和知识，将人本思想内涵潜移默化的融入用户的学习过程中。

2. 移动学习

在第四代移动通信技术环境下，移动学习的效率完全可以得到保障。智慧图书馆应该为不同用户提供不同的学习方法和资料，将知识资源巧妙运用，建立个性化移动学习路径，根据用户的能力和喜好挑选学习内容，充分考虑各种适合不同层次、不同学习偏好的用户，为他们营造移动学习的氛围情境。

3. 差异学习

每个人的学习能力个体差异，这造成了其知识素养和理解知识的能力各有不同，导致每个人都有一套属于自己的学习方法和经验，其知识结构和学习动机更是千差万别。智慧图书馆利用数字智能技术能够提供非常完善的个性化学习系统，让用户能够主动学习、远程学习和自主学习，并根据用户的实际情况和其接受知识的能力提供必要的辅导和帮助。另外还要为不同的用户（如年龄、获取知识能力、心智的强弱等要素）分阶段、分层次的订制学习计划，将主动权和自主权全权交给用户，让用户挑选自己感兴趣和适合自己的学习计划来进行学习。

三、资源

在智慧图书馆环境下，集群化就是在一个适当的范围内选取一个资历最老、经验最足的图书馆作为中心馆，再挑选一些成员馆形成集群化网络。该集群网络下的所有图书馆的管理方式及知识组织方式都是一样的，同时将各个图书馆的馆藏、各个知识库的资料、众多人类的智慧整合在一起，形成一个整体，运用智能技术统一化管理。图书馆集群化管理使得馆与馆之间从陌生变为熟悉，彼此分享自己的馆藏，查缺补漏，共同进步，从而达到了互利互惠的目的，这种管理方式具有里程碑式的意义，因为它真正提高了图书馆的服务质量和服务能力，并为用户提供了多种新型服务。图书馆集群化不单单包括资源的集群，还包括馆员、技术、服务等多方面的集群。图书馆集群化是一个全新的服务管理模式，其以中心馆为核心、成员馆为辅的形式形成了一个具有资源共享、优势互补和共同发展特点的图书馆服务体系，通过这种新管理模式，图书馆的服务质量会不断稳步提升。

要想达到图书馆集群化这一目标就需要做到如下两点：

1. 在某区域实施图书馆集群化管理前，一定要做好充分的调查工作，选取该区域内最具权威的图书馆作为中心馆，将中心馆的所有馆藏、服务理念、建馆经验毫无保留的分享给其他成员馆，让中心馆带动成员馆共同进步；各成员馆之间也应勤沟通，以为用户提供更优质的服务为共同目标。

2. 在实行图书馆集群化管理模式时，要秉承一个都不能少的工作理念，即对每一个成员馆公平对待，彼此尊重，以解决区域内所有图书馆共性问题为原则，以先进带后进，最后一起完成目标，共同进步。

（二）资源保障体系

资源保障体系是以完善的图书馆集群化管理为基础的，该体系不仅将图书馆的资源有机结合起来，还将图书馆以外的资源如网络虚拟资源等根据需求收集起来，使馆藏资源更加丰富以便为用户提供高品质服务。

首先，在资源保障体系的建设中，最先要巩固的就是本地资源建设，应运用智能技术将本地的珍贵纸质馆藏文献做数字化处理，与现有的数字资源进行整合，形成具有自己风格的资源体系，此外还应注意收集其他方面的数字资源并引进精华部分，以此丰富自身的资源建设。

其次，图书馆还应树立多种形式文献信息资源共同发展的思想观念。当今，数字资源的发展可谓突飞猛进，甚至有取代纸质资源的势头，这就需要图书馆在今后的工作中注重网络资源的开发，使得网络资源和纸质资源进行互补，这样才能更好地为用户服务。每天网络上都充斥着令人眼花缭乱各式各样的资源，据统计，全球每天会产生700余万个网页，所包含的资源类别更是数不胜数，网络是目前产出资源最多的媒介之一。虽然网络资源每天都在增加，但是网络资源的消失速度也是相当快的，一般网络资源的平均寿命只有44天，这也就意味着有相当一部分的资源会随着时间的推移而永久消失。这就需要图书馆每天在网络里检索和筛选有价值的资源，不但将其作为自身的数字资源进行链接和导航，而且还要进行有效保存，作为其资源保障体系的一部分。

最后，在完善图书馆资源的同时，还应注重图书馆员素质的培养，因为用户的要求越来越高，越来越个性化，这就需要图书馆员要不断丰富自己的知识，扩展自己的知识面，同时增强与用户沟通的能力，提高自己解决问题的能力。

（三）对知识进行深度挖掘

在知识的世界中，隐性知识就如同冰山模型中潜在水里的那部分，其分量是显性知识的好几倍，对知识进行深度挖掘是指通过智能技术在浩瀚的知识海洋中，搜索那些隐藏在显性知识下的隐性知识，把隐性知识显性化供全社会使用。在智能技术的支持下，知识挖掘可以在多个层面进行，如馆员之间、各馆各部门之间等。

图书馆馆员之间的知识挖掘是通过馆员间的沟通和互相学习来完成的。有些馆员所拥有的知识如经验、工作的方式方法等在课本上是学不到的，这就需要馆员之间及时沟通，互相吸取他人的经验，从而使自己变得更加智慧。例如：可以让工作多年的老馆员来帮助新来的馆员，通过新老馆员之间的沟通能够让新馆员获取相应的工作经验，从而更快的熟悉工作环境，达成共同心智，这样有利于发觉隐性知识。

此外，图书馆是由多个部门组成的，如流通部、采编部、检索部等，缺少任何一个部门图书馆都不可能正常运转，所以部门之间也应常沟通，各部门应该将自己所拥有的隐性知识贡献出来。要想将这些隐形知识整合出来可以借助以下两个方法：一是采取合作的形式，通过合作让各部门之间对彼此都有更深层的理解并彼此吸取各自的经验和知识。二是各个部门将自己所拥有的所有显性知识通过认真的分析与整合后，共享到每一个部门中去，让这些知识成为大家的共同知识，让所有人共同进步，从而全面提高图书馆的工作水平。此外，各个部门还应该进行频繁的联系和交流，例如流通部根据用户的借阅情况向采编部提出采购意见，这样采编部才能查缺补漏采购到用户最需要的文献资源，为用户提供更优质快捷的服务。

图书馆之间的知识挖掘是指各个图书馆应该将自己的显性知识和隐性知识加以共享，让其他图书馆去研究和挖掘自己的知识，达成互帮互助，共同进步的局面。例如，实力较强的图书馆可以定期开设知识讲座，将自己的工作经验和工作中吸取的教训分享给其他图书馆。此外图书馆之间可以将彼此的隐性知识进行归纳总结，最后形成统一的工作制度与管理办法，在各个图书馆之间进行交流和学习，使之转化为显性的知识。

四、应用

（一）建立门户网站和搜索引擎

智慧图书馆应该建立属于自己的智慧门户网站，用户可以登录网站了解该智慧图书馆的详情并进行一系列的服务，比如借还书、预约图书馆座位、网上即时参考咨询，等等。网站还应设立网上学校，用户可以根据自己的喜好在网上学习知识，在学习结束后如有疑问还可以反馈给相关的学科馆员，学科馆员会即时地与用户沟通提供帮助，解决问题。另外，智慧图书馆还应将定期开设的知识讲座在其门户网站上进行同步直播，将直播内容有效保存并在其网站上设立链接，使得没有时间亲临现场的用户也可以获取讲座的内容。

现今的大型搜索引擎如百度、谷歌等都可以提供大众化的信息，但要想在此类搜索引擎中获取一些较高水平的专业知识会很困难。所以在建立门户网站的同时，智慧图书馆还应建立属于自己的搜索引擎，应该通过智能技术将大量的网络信息进行重新归纳和整理，形成全新的知识精华，并将这些知识精华导入到自己的搜索引擎数据库中，供用户使用。与此同时，搜索引擎还应该设立反馈平台。当用户在使用搜索引擎没有搜到自己所需的知识时，用户可以利用反馈平台将自己的意见或所需知识告知智慧图书馆，智慧图书馆会根据用户的要求采取相应的措施去解决问题。

(二)建立移动端知识服务平台

智能手机、平板电脑的出现无疑宣告了计算机不再是人们获取网络信息的唯一途径，加上我国工信部向移动、联通、电信正式发放长期演进牌照后，高速网络逐渐在我国普及。这为构建智慧图书馆移动端知识服务平台打下了坚实的基础，它可以在智能手机和高速网络的支持下，为用户提供更方便、更高效的服务。

移动端知识服务平台打破了以往传统图书馆的服务模式。例如：有的人由于工作或其他原因根本没有时间亲临图书馆享受相关服务，移动端知识服务平台的出现完美地解决了这一问题，用户可以利用自身的碎片时间来获取自己感兴趣的知识而不用亲自去图书馆。用户可以通过移动端知识服务平台浏览文献资源、借阅书籍、收看知识讲座等物理图书馆所拥有的大部分服务，其最大的优点就是用户可以完全摆脱时空的束缚，在任何地点、任何时间都可以享受到图书馆的优质服务，它就像用户身边的知识管家一样，随时随地听从用户的差遣。此外，在建设移动知识服务平台的同时，应该时刻注意用户的反馈意见，虚心采纳用户的建议并做出及时的更新调整，使之更适合用户使用，做到真正的人性化。

(三)自助图书馆

自助图书馆是指利用物联网、射频识别等智能技术建成的图书馆，自助图书馆是一个智能的、无人看守的 24 小时图书馆。它可以为用户提供借还书、办理书证、预约图书和检索服务等。自助图书馆不受时间的限制，用户随时随地都可以使用它，这不但节省了图书馆的人力资源还方便了用户。

五、技术支撑体系

(一)物联网技术在智慧图书馆中的应用

物联网是一个充满智能化的网络，是指通过一系列智能技术，按照一定的标准，把一切物品与网络相连，进行资源通信和彼此交流，最后形成一种集智能化管理、整合、定位、跟踪等特征的网络。

在物联网的支持下，智慧图书馆可以通过智能手机、平板电脑、红外感应设备、卫星定位等感知设备，对图书馆的各类载体资源，图书馆运营状况，用户的使用情况等进行深度感知、测量捕捉和传递；智慧图书馆可以利用物联网的特点，使得人、物、资源三者之间，在任何时间、地点都可以进行互联互通。在此前提下用户可以让智慧图书馆按照自己的要求，定时地推荐和推送自己感兴趣的信息，形成个性化的定制与推送知识服务。此外，在物联网环境下，智慧图书馆应该始终秉承以人为本的核心服务理念，利用高端的智能技术时刻感知用户的体验状况，熟知用户的需求，积极采纳用户提出的建设性意见，并创新出多种适合和方便用户的服务方式，让用户自助选择所需要的服务形式，如24小时自助图书馆、简易信息聚合订阅服务等。

（二）云计算技术在智慧图书馆中的应用

云计算就是将资源储存到"云网络"中，用户可以通过"云网络"获取或储存自己的资源，这样可以节省图书馆的存储成本，方便了用户的使用。在智慧图书馆的每个角落，都安置了云计算传感器节点，这些节点利用云计算技术可以访问远端各式各样的网络信息、知识库、数字图书馆等，再将这些资源全部融合到一起，利用云计算节点上的智能数据挖掘整合系统对这些资源进行再处理，使之容易让用户使用和接受，为图书馆新开发的知识服务提供技术支持。但是仅凭智慧图书馆里的这些云计算传感器节点来处理它们所搜集的这些大量资源是远远不够的。为了处理资源更加高效，需要借助云计算的思想，也就是指在网络中设立大量的云节点，图书馆将需要处理的资源上传到右节点，云节点经过精确的计算处理后再返还给图书馆，这样使得每一个图书馆的资源处理平台都拥有一个良好的资源处理支撑环境，且提高了效率。此外，当图书馆的资源过大已经超过了图书馆的储存负荷时，图书馆可以将这些资源存储到云计算环境中。

综上所述，将云计算应用到图书馆中不但可以提高其处理资源的速度，减轻了存储负荷，还能以相对较小的成本去实现一些智慧图书馆环境下的特色知识服务。

（三）大数据技术在智慧图书馆中的应用

大数据技术的出现不是为了可以掌控容量巨大、类型繁多的资源信息，而是对这些资源的再处理、深度挖掘，通过对资源的重新"改造"，实现资源的"增值"。在智慧图书馆中，大数据技术可以捕捉到用户大量的信息，包括他们的兴趣爱好、擅长的领域、检索习惯、行为等，通过对这些信息的深入研究和分析，可以了解到用户真正需要的是什么。在充分掌握了用户的需求后，智慧图书馆才能选择最恰当的服务方式来为用户服务，大数据技术可谓起到了"对症下药"的作用。此外可以利用大数据的深度挖掘技术，将大量隐藏在显性知识中的隐性知识挖掘出来，为用户所用，这不但大大提高了资源利用率，而且还提高了服务质量。

（四）射频识别技术在智慧图书馆中的应用

射频识别是一种无线通信技术，可以通过无线电讯号识别特定目标并读写相关数据，而无需识别系统与特定目标之间建立机械或者光学接触。

射频识别技术在智慧图书馆中有着广泛的应用。

1. 自助借还系统

它区别于以往的借还书系统，用户可以通过射频识别技术一次性完成多册图书的借还，这大大节省了用户的时间，减少了用户排队的可能性，提高了效率。

2. 智能化管理

射频识别技术可以对图书进行智能分类和清点、自动分拣、整理书架等，这些平常需要人工完成的烦琐工作现在都可以用机器来替代，这减轻了图书馆员的工作负担，可以让馆员有时间提高自己的知识素养，完成从图书管理员到知识服务者的蜕变。

3. 智能定位

图书馆将馆内的所有馆藏都贴上射频识别标签和传感器，利用该技术全球定位系统等智能技术可以让用户很快找到所需文献资源。此外，图书馆每天会产生大量的错架、乱架的图书，这难免降低了图书馆的服务质量，馆员可以通过射频识别查询系统，将错架、乱架的图书编码输入系统，系统会快速感应，最后识别出图书的位置，这样就完美解决了图书管理工作中的难题，为馆员和用户带来了极大的便利。

现今，数字技术的不断开拓和进步、互联网的全民化和用户持续增长的个性化需求，图书馆的知识服务遭受着巨大的冲击和质疑。图书馆要想在网络化、信息化的社会中站稳脚跟，就必须加强其知识服务建设，提高服务质量和水平。如何推广知识服务并让更多的用户来体验是当下图书馆所要解决的核心问题。智慧图书馆的主要思想就是以人为本，以"书书、书人、人人动态相连"的新型服务思想和灵活多变的服务模式给用户营造出一种自主、高效的服务环境，本研究提出的基于共同心智的智慧图书馆知识服务能更很好的增进用户与馆员的交互，在共同合作学习的前提下，提升彼此的心智，该模式的提出为图书馆知识服务的创新起到了推波助澜的作用。此外，我国还可以借鉴国外智慧图书馆和知识服务的研究成果，试图将国外的服务模式和理念引入我国，更有助于我国知识服务的发展和创新，从而改变图书馆的形象，吸引更多的用户，让图书馆重新站在知识服务领域的顶端。

第三节 高校智慧图书馆的知识服务模式

充分利用最新个性化技术手段，分析用户需求，整合相关数据资源，为用户提供智慧服务，转变图书馆和用户之间的交互方式，同时协同平台智慧推荐服务，为读者提供高效率、高时效、精确化的个性化知识服务，是实现智慧图书馆服务的重要手段。智慧推荐能够为用户提供量身定制的智慧性服务，充分体现了智慧服务的"智慧化"和"个性化"。

本节研究基于推荐系统的智慧图书馆服务模式，以服务读者用户为核心，侧重点在依靠信息技术，为图书馆提供个性化、智慧化的服务。

高校智慧图书馆提供的智慧性服务，主要从智慧数字图书馆与智慧移动终端服务切入，分为四个模块。分别是智慧检索、智慧推荐、智慧手机软件、智慧微媒体。

在技术层面，从技术层、资源层、服务层及应用层，对智慧图书馆服务设计进行技术构架。

一、智慧检索

（一）智慧检索流程

智慧检索是智慧推荐的前提和基础。检索是用户获得信息的第一步，高校图书馆智慧检索旨在使读者更快速、准确、高效、有序地检索到所需信息。相对于传统检索，智慧检索一方面能够记录和分析用户的检索行为，从中识别出用户明确的或者潜在的需求偏好，为用户呈现最具相关性的检索结果；另一方面，能够通过用户对检索结果的反馈或评价，自动校正检索策略，使用户获得最贴近需求的资源信息，在检索上提升用户的智慧化体验。传统信息检索是基于关键字或者基于相似性的检索，智慧检索的基本理念是为了实现既定用户的既定需求。智慧检索在传统检索的基础上，为用户智能地过滤掉一部分对于用户可能无效的信息，帮助读者用户更加快速精准的定位自己所需资源信息。不是每个用户每次访问图书馆网站都会登录读者服务，大多用户只是试图快速检索到他们所需要的图书。因此，许多用户通常都会倾向于最为省时省力的行为和方式来达到他们的检索目的。通过智慧检索，能够使检索结果更具针对性，同时包含直接指向最终结果页面的链接，因此不仅能帮助用户避免图书查询的盲目性，缩短查询书籍的时间，降低检索难度，同时还能提高用户检索效率，提升图书检索结果的准确性和可靠性。

（二）智慧检索模型设计

用户行为信息中存在着很多有价值或者潜在价值的知识和规则。智慧检索服务能够通过对用户检索行为及隐含关联行为的分析，采用数据挖掘、关联规则等技术，在相关详细信息页面相应位置，向没有登录的大众用户提供推荐服务，推荐与其检索或浏览的图书相同、相似或相关书籍，以帮助用户更快捷、更准确地找到需要的图书，从而减少查询图书的盲目性，降低图书检索的难度。智慧检索其本质是一类非个性推荐，是数据挖掘分析技术在信息资源检索处理中的一项实际应用，属于一种对网络中信息资源的分析挖掘活动。目前，联机公共检索目录，是高校图书馆检索图书馆馆藏资源的主要网络入口，是读者用户与图书馆进行书籍查询与浏览最重要的平台与窗口，读者用户对图书馆各种图书文献资源的利用离不开该系统，其功能的设计与实现，对图书馆的服务质量与资料利用起到最为直接的影响。因此，智慧检索技术的发展，在相当程度上依赖于联机公共检索目录系统。用户通过该搜索引擎检索图书馆资源信息，在图书馆网站后台能够形成用户查询日志信息，用以描述用户的检索行为。智慧检索系统可以构造用户行为模型，在查询并分析用户行为日志的基础上，挖掘用户检索行为的潜在信息，然后预测用户可能访问或者偏好的检索结果，智能地选择、推荐与用户兴趣或行为相接近的信息资源。智慧检索服务通过把用户检索与检索结果相关联，对检索结果进行行为的隐性知识显性化处理，向用户推荐隐藏图书，能够让用户在检索时提高精准度，同时感到新颖和多样，这样充满知识相关度或相似性的智慧检索，会对用户产生更大诱惑力。

二、智慧推荐

（一）智慧推荐模型

智慧检索是为用户提供智慧化服务的第一步，主要服务于一般大众用户，属于一种粗略的精细。智慧推荐类似于搜索引擎为代表的信息检索系统，但更强调个性化、多样化和新颖化的推荐结果。搜索是你明确地知道自己要查找的内容，但在信息过载下搜索已经无法解决问题。推荐系统则是一个"推"和"拉"的互动，即向用户推荐信息资源，同时向用户提供和展示信息资源，帮助他们选择信息。和智慧搜索引擎将搜索结果在一定过滤基础上进行简单的罗列相比，智慧推荐则能够研究读者用户行为偏好，建立读者用户模型，发现读者用户的兴趣点，从而满足读者用户信息资源索取多样化的新需求，提升高校图书馆图书文献资源利用率，增强对知识信息的智能处理能力。智慧推荐系统以融合数字信息资源向读者服务为核心，其主要任务是链接用户与信息，由查询的被动到推荐的主动，具有人性化、个性化及社交化的特点，帮助用户找到有价值信息，还可以让潜在的有价值信息呈现在用户面前，以实现知识生产者与知识消费者共赢。此外，一个优质的智慧推荐系统，一方面能够向读者用户产生智慧化推荐；另一方面，能和读者用户构建紧密的联系，使读者用户对智慧推荐形成依赖。

智慧推荐的本质是能够针对不同读者用户的个体差异性，主动为读者用户提供不一样的量身打造的信息资源服务内容。主动性的实质是智慧推荐能够自动地依据读者用户的知识需求为其匹配适合的服务内容。智慧图书馆的智慧推荐应该有个性化定制与推送、粗略智慧推荐和精细智慧推荐服务三种服务方式。

第一，能够在页面设置单独模块，为读者用户展示推荐信息。推荐内容包括新书到馆、借阅排行、热门馆藏、讲座活动等信息，为所有读者用户提供半个性化的展示推荐服务。

第二，在读者用户利用联机公共检索目录系统进行书籍或检索服务时，能够有针对性的依据用户之前的借阅信息和所检索文献信息以及文献信息之间进行关联，为用户进行粗略简单推荐，并提供推荐书籍和文献的阅读详细信息及链接，有针对性的提供推荐服务。

第三，读者用户登录系统时，具有单独推荐系统，为读者用户提供近乎量身定制的智慧推荐服务，从而能够满足不同用户不同层次多样性的需求。通过收集和分析用户的各种信息包括显性和隐性信息，用户个体特征信息，用户借阅历史，检索信息资源的记录，获取并分析用户的兴趣，预测用户偏好，从而为不同的用户，提供差异化服务，帮助用户缓解资源丰富信息匮乏的局面，在提高推荐系统精准度的同时，拓宽推荐解决的宽度，开拓用户视野，推荐给用户很可能会喜欢但是并不是很了解的知识信息。智慧推荐的结果兼具精确性、惊喜性、多样化，真正体现智慧的内涵。

（二）智慧推荐技术架构

智慧检索的推荐功能是面向大众用户或者特定用户，而不是针对某一用户的兴趣爱好、借阅历史等，推荐对象是所有检索使用者，而不是特定用户。因此有其自身的局限性，而智慧推荐则是以每个用户为核心，为每个用户提供智慧化、智能化的服务。传统的推荐系统，其推荐效果并不是很好，也存在诸多问题。智慧推荐的基本要素主要包括读者用户、项目及推荐算法，而其核心是推荐算法。智慧推荐系统就是利用各种推荐算法，挖掘读者用户有兴趣或者可能有兴趣的图书信息资源，之后推荐并展示给读者用户。智慧推荐则在传统推荐基础上，更加细致、更加精准的考虑了读者用户的各种特征，尤其是大数据、云计算的到来及数据分析与挖掘技术的深入发展，使得智慧推荐能够挖掘到用户更多更细腻隐性的信息，使推荐的结果更加精准，更加多样，层次更加广泛，更加体验以读者为核心的智慧化服务。在书籍推荐服务基础上，探讨智慧推荐实现模式，构建高校图书馆智慧化推荐体系。与图书推荐服务相比，智慧推荐实现的是一种按需和主动的信息智能获取模式，以用户的行为特征和兴趣属性为指导，建立从用户兴趣知识到服务信息的分类，针对读者用户量身定制的推荐技术，尽最大限度地满足读者用户个性化、多样化的信息智能获取。同时，在研究现有文献自动分类机制基础上，探讨通过自动化数据收集和分析，感知用户位置、情境以及用户意图，同时社交网络、移动互联网与图书馆推荐服务与知识智能获取相融合，以提高读者用户对智慧推荐的黏着性，实现真正的智慧推荐服务。

大数据、云计算时代背景下，高校图书馆中愈加充斥着各种各样的非结构化、半结构化、结构化等数据。智慧图书馆时代，所有读者个人及其借阅信息、所有书本信息、数字资源等信息数据是复杂海量的，同时也受到用户地理位置信息、感知传输数据信息以及社会化网络信息等相关数据的影响，信息资源呈现出空前丰富的状态。智慧推荐系统需要借助数据挖掘、云存储、云计算等大数据处理技术，利用各种技术从大规模数据提取并分析数据内在特征和文献的相关性，同时根据用户兴趣及需求，或用户个人借阅历史、阅读习惯等分析读者用户行为，并主动地提供其真正所需的知识服务，将潜在的有价值的信息进行分析提取归纳，然后才能向用户进行信息匹配。云存储和云计算技术，能够解决大数据环境下无限制数据存储和数据高效运行计算的难题，通过技术处理及构建模型，从而能够提供更加优质、更加智能、更具智慧性的推荐结果，为读者用户提供近乎量身打造的智慧性推荐。

三、智慧手机软件

（一）智慧手机软件服务设计

高校智慧图书馆其核心为智慧服务，而智慧服务的核心为以人为本，以用户为主体，服务用户，关怀用户，奉献用户。移动互联技术在近年得到飞速成长和发展，移动通信网络逐渐与互联网紧密融合，极大的拓展了互联网服务的时间和空间。同时，移动互联与移动设备的移动性、便携性等特征使得智能移动终端设备日益普及，智能移动终端设备包括手机、平板电脑、掌上阅读器等已渐渐成为人们获取信息资源服务的主要平台。移动终端设备不受时间、地点等限制，这为读者用户提供无处不在的服务成为可能，读者用户能够随时随地以任何方式获取信息资源。因此以移动终端设备为主体的移动图书馆，开发高校图书馆的独立手机软件是大势所趋。

泛在服务即无处不在的服务，是智慧图书馆提供服务的突出特征之一，是指以智能移动终端设备为基础，为读者用户提供任何时间、任何地点和量身定制的服务。智慧图书馆的环境下，应该打破时间和空间限制，为用户提供全方位、多层次、多形式、宽领域的信息资源获取、推送与推荐服务。泛在智慧服务模式是依靠云计算、智能移动终端、物联网等信息技术，实现传统图书馆和数字图书馆由为读者用户提供单向服务向为读者用户提供双向智慧服务网络的泛在服务转型。为此，研究和开发高校独立智慧手机软件服务，是智慧服务模式泛在化的表现。

（二）智慧手机软件层次架构

智慧手机软件推荐是解决信息过载、用户方便、服务无处不在的重要手段。该推荐系统能够利用其在移动网络环境下的种种优势及有利条件，通过移动端设备等为用户提供基于情景等的推送服务，可以更加精准、更加容易的获取用户的信息，预测用户的偏好，实时性更高，用户可以随时随地享受智慧图书馆提供的各项资源和服务。高校通过开发智慧手机软件，利用移动推荐系统，用户就可以随时随地获得任何形式的服务，同时获得为其量身定制的，具有个体差异化的智慧化服务，服务更加方便智能，简洁而迅速，使得智慧图书馆拓宽了服务的领域和手段，以用户为核心，为用户服务。各高校图书馆都应该有自己的智慧手机软件，通过智慧手机软件，用户能够登录系统，完成书籍查找、借还书、预约、续借等基本的服务，同时还能够为用户提供书籍检索、热门借阅、借阅排行、热门收藏等非个性化一般性服务，也能够为每一位用户根据其自身的特点，利用智慧移动推荐，根据其隐性或者显性信息，帮助用户寻找信息资源，提供差异化服务。

四、智慧微媒体

（一）智慧微媒体服务平台框架及内容

随着各种新媒体的发展，微信、微博、微电影等微服务，越来越得到人们的关注，有人说，人类已经步入了微时代。微媒体几乎已经无处不在，它产生于广域网 2.0 时代，是一种网络传播结构，由诸多独立发布点所组成。本文对微媒体取其狭义定义，以微信、微博为代表，以信息的发布和共享为主，是一种新型的社交网络与交流传播方式。在本文将取微信为研究视角，微信自 2011 年推出后，以其双向性和互动性得到用户青睐，并在国内社交服务中迅速占据了领先地位。2012 年 8 月，腾讯公司针对团体用户如企业、媒体、机构、其他用户组等，推出了微信公众服务平台，为他们提供专门的微信、专业的服务。微信操作具备使用通俗易懂易用、快捷方便、时效性高，同时内容丰富多样、消息推送精准到位等优点，符合新一代用户群体的生活习惯、消费理念和交流方式。可以说，微信突破了软硬件、运营商、社交平台等种种阻碍，实现了虚拟世界与现实世界的无缝互联。现在，微信服务平台不仅仅是一个普通的名词术语那么简单，更是一个融合了人际交往、心理沟通、生活习惯、文化交流等多种复杂综合性语义的时代化命题。

高校图书馆一直对新技术非常敏感，是新技术的使用者和推动者。微信公众平台，一方面能够增强与读者用户的互动沟通服务；另一方面能够拓宽服务渠道，优化信息资源的呈现方式。微信应该成为大学图书馆除微博、博客等其他社交媒体外的另一个自媒体平台。对于高校图书馆读者用户而言，与微博等其他社交平台相比，在微信公众服务平台，微信是与用户一对一的交流互动，用户黏着性更高。微信公众平台不仅能够让越来越多读者用户更好地认识、关注、使用图书馆，而且通过利用各种信息技术，能够更好地为读者用户提供独特的差异化服务，为读者提供各种图书资源推荐功能，最终提升高校图书馆自身的品牌意识及在用户中的地位。

（二）智慧微媒体层次架构

高校图书馆提供的微信服务，距离真正的智慧服务有很大差距，微信服务的内容、手段、方式及规划还不够完善成熟，还尚处于探索尝试的初级阶段，高校图书馆应该着重依托微信公共平台，建立微信智慧服务。微媒体环境下，智慧微信服务，能够扩大服务范围、服务内容及高校图书馆的服务模式，更好地满足不同用户的不同需求。传统高校图书馆往往受到时间或地点等多种限制，对于很多不在本地服务区内或者不具备电脑终端上网的读者用户以及在图书馆非工作时间时，图书馆并不能提供咨询、信息发送等基本服务。而利用微信公众服务平台，高校图书馆便能够实现对开通了微信的读者用户提供随时、随地的基本服务，还能针对每位不同用户，提供智慧推荐服务，以真正实现智慧服务模式。图书馆智慧微信服务，首先应该提供面向所有用户的基本服务，包括图书馆检索、借阅查询等服务。其次，提供简易信息聚合内容定制服务等，进行新书通报，定期讲座的信息推送等。再次，提供智慧化服务，包括为用户提供差异化的推荐，通过收集分析用户的各种信息，提供用户可能感兴趣或者有需求的书籍信息资源，同时提供智慧咨询服务，自动应答服务，设置微信留言服务等，增强图书馆与读者用户的互动和交流，及时满足用户的实时性、多样化的服务需求。最后，可以设置用户分享模块，通过用户自身评价或者对书籍的分享，利用社交网络等媒体技术，增加图书馆用户，为好友进行推荐。

高校图书馆应该抓住微信公共服务平台优势，通过该平台为图书馆提供独树一帜和别具一格的图书馆微信智慧服务，提升图书馆在大众读者用户心中的地位，真正实现图书馆的服务价值，为读者提供职责所在的智慧服务。

五、存在的问题及改进建议

通过调查研究和案例分析，发现高校图书馆推荐服务距离真正的智慧图书馆服务模式还有一定的差距，为进一步推进高校图书馆推荐服务系统建设，完善智慧图书馆的智慧服务模式，提出以下几点建议：

（一）智慧图书馆的智慧推荐服务亟需加强

智慧推荐是智慧图书馆提供服务的重要手段，高校图书馆需要加深对智慧推荐的重视程度，推动智慧图书馆朝着真正智慧的方向的完善和发展。仅仅提供个性定制的借阅排行和新书推荐服务，而用户在海量信息中的信息过载问题并没有得到很好的解决，读者用户的多样化、实时性及日益丰富的信息资源需求也并没有得到真正的重视。因此，应该运用推荐技术，结合用户自身的背景，对用户给出新颖的多样化的实时准确的个性化推荐，如同电子商务领域中的图书推荐一样更加到位和实用。在今后应该加大图书推荐的分量，真正的智慧推荐也必须以读者用户为核心，根据用户不同时期、不同背景、不同特点，深入分析和挖掘其行为和需求，通过技术算法建立用户核心模型，预测读者用户偏好，积极主动并及时给出推荐服务。

（二）智慧推荐结果的多样化与惊喜度需要得到重视

当前推荐系统服务往往采用重视推荐系统结果的相似度，而忽略了推荐结果的多样化和新颖度。文献中指出，若一个文献资源推荐系统给出的推荐结果都是同一名作者的学术论文，即便准确度很高，可对用户来说也未必是个好的推荐。一个真正智慧化推荐系统，不仅能够提供精准的推荐服务，而且还可以在不对推荐精度造成影响的前提下，发散出读者用户的兴趣。智慧推荐系统的任务不仅仅是提供更加准确的推荐，更要打破用户兴趣信息局限性，发掘他们并不知道但又可能非常感兴趣的资源和信息，从而拓宽用户视野。因此，智慧图书馆智慧推荐服务需要在提升准确度的同时兼顾推荐结果多样化和新颖度，提高读者的满意度和惊喜度。

（三）增强研发能力

高校图书馆在寻求合作之余也应该增强自身研发能力，独当一面，充分利用自身信息源获取方便等优势，更深入地了解读者深层次的需求，更加充分地利用高校师生的隐性或者显性信息，实现数据充分利用。在此基础上，增强自身的系统设计及研发能力，为读者提供更加优质的智慧推荐服务，开发出真正智慧化的推荐服务系统，共同完善高校智慧图书馆服务模式，真正实现图书馆的智慧和价值。

第四章
高校智慧图书馆学科化服务

第一节　高校智慧图书馆服务形式的学科化服务

学科化服务是高校图书馆为教学和科研提供的创新型服务。学科化服务没有既定的模式，各国图书馆可根据本国国情、本馆馆情采用相应的服务模式。但从目前国内外高校图书馆学科化服务的实践和发展来看，其服务模式可以大致概括为以下四种：基于服务形式的学科化服务、基于组织方式的学科化服务、基于服务内容的学科化服务和基于智能技术的学科化服务。

从服务形式来看，高校图书馆学科化服务又包括以下几种：

一、学科馆员服务

学科馆员服务是高校图书馆对某一学科领域而提供的专门服务形式。在国内，学科馆员服务有学科馆员——图情教授式、挂靠集中式、专职分散式、兼职分散式和混合式五种。

（一）学科馆员——图情教授式

学科馆员——图情教授服务是图书馆在馆内选择若干素质较高、具有相关学科背景的馆员作为各院系对口学科馆员。同时，从学科和文献资源的角度在各院系聘请图书馆教师顾问（被称为"图情教授"）负责和学科馆员联系，提供本院系的学科发展动态及其文献信息需求，协助配合学科馆员开展工作。学科馆员和图情教授建立直接的联系，定期或不定期地交流信息，图书馆在购置文献资源特别是重大文献资源时须事先征求学科图情教授的意见。例如，某知名大学图书馆的学科馆员——图情教授服务，该馆为与学科馆员的职责相适，拟定了图情教授的工作职责：①资源建设。把握相关学科的文献资源建设及馆藏调整方向，提出参考意见，积极推动图书馆与院系合作购买文献信息资源；推荐优秀文献资源，对重要试用资源提出评价意见，或推荐其他专家进行评价。②建议与反馈。为图书馆的发展献计献策，及时反馈教师对图书馆的意见与建议。③指导学科服务。提供需要图书馆信息服务的重大课题情况和重点研究方向；与学科馆员密切联系，为开展学科化服务提供指导意见。④查新专家顾问。理工科图书馆顾问同时担任查新部学科专家顾问。

在该模式下，学科馆员与图情教授之间一般是协作关系。前者为主，后者为辅，两者互相合作、互相协调，共同在图书馆与院系之间架起一座桥梁，为对口院系师生的教学科研工作的学习提供优质服务。该模式的优势在于有利于图书馆与院系的沟通，能够弥补学科馆员专业方面的缺失；而不足之处是由于图情教授工作繁忙，往往不能很好地投入足够的精力和时间协助学科馆员的工作，因而容易造成有些高校的图情教授形同虚设。

（二）挂靠集中式

该方式是针对不同院系，安排不同专业背景的学科馆员分工负责，按学科主动开展全方位的服务。例如，天津某大学图书馆，该馆于2002年10月建立了学科馆员制度，由有相应工作能力和专业知识背景的资深馆员任学科馆员。学科馆员的主要工作任务是在图书馆与对口院系间架起沟通信息的桥梁，负责图书馆与对口院系的信息交流与联系，服务主要针对教师及研究生层面。该大学学科馆员制度实施之初，制订了初、中、高三级工作目标。初级工作目标是资源调查与上岗准备阶段、制度的推出与资源宣传阶段；中级工作目标是赴院系培训、资源导航阶段；高级工作目标是定题服务、跟踪服务阶段。目前，该大学图书馆由9位学科馆员负责20个院系/所的对口工作。9位学科馆员均隶属于参考咨询部，本职工作分别为科技查新、文献传递、馆际互借、参考咨询，即9位学科馆员是在参考咨询部人员的基础上建立起来，通过深化自身的业务工作，加强与院系的沟通与合作，将咨询工作由被动向主动式服务发展，从而完成学科馆员工作。可以说，这种意义上的学科馆员制度是参考咨询服务的创新发展，是一种高水平、深层次、主动性和研究型的信息咨询服务。

（三）兼职分散式

兼职分散式服务是不成立专门的学科馆员机构，学科馆员则分散在图书馆现有的采访编目部、流通阅览部、信息服务部、信息技术部等部门中，并从中选择合适的人员作为学科馆员开展兼职服务。例如，北京某大学图书馆。自2001年起，该大学图书馆开始实施学科馆员制度，服务对象以教师为主，兼顾研究生。图书馆采取一位学科馆员对应一个院系、一位学科馆员对应多个院系或多位学科馆员对应一个院系的方式安排不同专业背景的图书馆员分工负责，按学科主动开展全方位的服务。学科馆员的职责是：①负责与院系的教师和资料室联系，了解教师对图书、期刊和电子资源的需求以及研究课题的情况。②熟悉本馆有关学科的馆藏情况，包括书、刊、工具书、数据库的情况及其使用方法。③开展用户教育工作，为各系开办培训讲座。④宣传新增加的文献信息资源和服务措施，协助编写各类宣传材料。⑤开展相关咨询服务。⑥定期了解情况，征求意见等。在对学科馆员的管理上采取松散管理的组织形式，现有学科馆员12人，均为全馆各部门选聘的兼职人员。学科馆员通过系统培训与学习以及工作总结等方式，开展经验交流。

该模式的优势在于：可以在各业务部门中选拔既有学科专业背景，又有一定经验和业务基础的人员担任学科馆员，为用户提供全方位的服务，而不足之处在于：学科馆员要承担自身繁忙的业务工作，难以将更多的精力投入学科馆员的工作之中；学科服务人员较为分散，不便于管理与培训，也不便于经验交流；与院系联系更为松散，学科馆员工作很难融入对口院系的教学科研中去，院系对其工作能力也不够信任。

（四）专职分散式

专职分散式是指设立专职的学科馆员，他们分散于图书馆不同的业务部门。这种方式更倾向于学科馆员分散于学科分馆的形式。事实上，学科分馆馆员除了开展常规业务工作，也在积极地深化分馆服务，在某些方面从事着学科馆员的工作。建立分馆的学科馆员，使得学科馆员与院系更加靠近，便于针对院系、学科开展各项工作。例如，北京某大学图书馆，该馆于2003年开始实施学科馆员制度，并经过不断的探索和实践，建立了分馆馆员与专职学科职员相结合的方式，在该模式下学科馆员的工作内容包括：①全面负责本学科资料室的资源建设、服务及管理工作。②保持与院系负责人、学科带头人的联系，及时掌握本学科发展动态、最新进展、资源出版动态，并与图书馆总馆及时沟通，逐步建立相对完善的学科信息资源体系。③掌握图书馆资源及服务的最新动态，根据教师研究的专业领域定期向教师推介图书馆及服务，创新性地为师生提供周到、完善的服务，④主动为院系所师生做好免费资源推介工作。⑤承担本学科教师培训的工作职责，针对不同的需求，开展多层次的、多样化的用户培训和用户教育．⑥发挥网络的优势，建立分馆和学科资料室网站，搭建与本学科师生的互动平台。

（五）混合式

混合式即指专职、兼职相结合的模式，具体是指对某些重要学科设立专职学科馆员，使他们有充分的时间和精力从事学科馆员的各项工作，而对一些较小的学科，则设立兼职学科馆员。这种模式比较灵活，使馆员在不影响其本职工作的前提下，可以承担一个或几个学科或院系的学科馆员工作。

2000年，武汉某大学开始实行学科馆员制度，为各学院设置学科馆员，对口负责本科教师、研究生的信息服务工作。目前，该馆有17名学科馆员，其中5名为专职，其余为兼职，主要分布于文科中心(3人)、各分馆咨询部(5人专职)、采编部(1人)，信息服务中心(2人)与部分院系资料室(5人)。其主要职责是：①收集所负责学科的师生对文献的需求信息。②有针对性地为对口学科用户提供信息参考咨询服务。③为对口院系教师、研究生提供利用图书馆的指导和培训。④负责收集、鉴别和整理相关学科的网络信息资源，建立学科网络导航。⑤征求对口院系对图书馆资源建设和服务工作的意见与要求。较之其他服务形式，该模式具有较强的优势，能够与专业分馆、院系资料室紧密结合，以便于与院系交流、联系开展工作。

二、学科知识库服务

学科知识库主要以特定学科专题的有经验的领域专家、纸质文献、数据库数据和互联网上的资料等作为知识来源，以知识单元为基础存储对象，利用计算机来表达、存储和管理特定领域的知识，并利用知识来解决该领域的问题。它是以知识处理为基础的知识应用系统，它向用户直接提供他们所需的特定知识，以节省用户的大量时间，提高知识的针对性和利用率。学科专题知识库的建立可以使知识有序化，促进学科知识的共享与交流，有利于实现知识使用者之间的协作与沟通，可帮助图书馆实现对用户知识的有效管理，从而有助于传统的被动服务向网络化、个性化、自助式的服务方式过渡，实现向以用户为中心的、满足用户知识需求的服务模式转变。

学科知识库以常见问题解答的问答的形式为主，在建设时常考虑以下几点：

1. 合理分类，层次清晰。用不同的学科主题对常见解答的问题进行科学合理的归类有助于用户通过分类浏览快速找到所需资料，同时有助于从整体角度认识图书馆学科化服务工作。常见解答问题的归类从利于用户使用出发，如以学科大类为分类，下面再细分成一般问题、学科资料查找、学术资源信息门户、常用学科名词术语等类别，而在这些类别下再细分若干小类，如学科资料查找这一类下面又可以细分为图书、期刊、学位论文、专利标准等，显得层次清晰，方便查找。

2. 提供浏览和检索相结合的查询方式。随着常见问题解答库中问题越来越多，只通过浏览查询问题会显得非常不方便，用户界面的友好性大为降低，若能够采取浏览和检索相结合的查询方式以及包括分类、关键词等多种检索途径，这样就能确保学科咨询服务的效率，还可以节省图书馆相关的人力和财力。

3. 常见问题解答库的建设体现学科化服务的特色和优势。对于学科专业问题，图书馆在回答、归类与筛选的过程中，都由馆内或馆外的各专业的资深学科馆员或者专家来处理，为建立精确翔实的学科知识库打好基础。

三、学科知识推送服务

学科知识推送是个性化信息服务的一种主要形式。它是根据用户的学科分类，按用户提供的检索条件利用信息推送技术把信息自动送到用户面前，实现信息找读者。也可推荐用户感兴趣的信息，其实质是一种"信息找人"的服务模式。符合高校信息用户需求变化的个性化服务，需要根据用户的知识结构、信息需求、行为方式和心理倾向等，有的放矢地为具体用户创造信息服务环境，为其提供定向化的预定信息与服务，并帮助用户建立个人信息系统，这是一种个性化、人本化、主动化的服务方式，其目的是在图书馆已购数字资源的基础上，根据用户的专业特征和研究兴趣向用户提供和推荐教学科研所需的资料和信息，对用户提供实时咨询服务。从图书馆馆藏资源及经加工的网络知识库中，为他们搜索、整理有针对性的文献，利用虚拟参考咨询平台的电子邮件、电子表单、智能制造即时通信工具以及其他一些广域网2.0的网络技术工具开展实时或非实时信息推送服务。把有利于相关学科发展、最新颖、最前沿、最有针对性的信息推送到每个学科带头人的桌面上，并定期更新相关的信息内容。

四、学科信息导航服务

学科信息导航服务就是根据重点学科用户的信息需求，以学科为主题由学科馆员将互联网上的相应资源加以收集、分类、描述、组织和有序化。收集的范围主要包括国内外各种学术信息、科研动态信息和综述信息。信息主要来源于专业的网站，报纸以及被工程索引收录的核心期刊。建立全方位、多层次、有序化的相关信息资源导航系统，链接到图书馆网站主页上，使重点学科用户能在网上迅速找到自己想要的文献信息。

目前，国内外有许多图书馆将网络信息资源进行选择、整理、组织而为用户提供网络学科导航服务。网络学科导航服务主要有三种形式：学科信息资源动态报道、学科常用资源导航和专业学科资源导航数据库。①学科信息资源动态报道是推荐性的导航服务，它不仅对报道的内容做链接，还可以加上宣传介绍文字。②学科常用资源导航，选择的资源类型通常有国内外重要网络搜索引擎、学术期刊导航、大型图书馆网站、学术机构站点，如高校、研究所、著名公司等，尤其是与本馆学科服务密切相关的专业性网站。③专业学科资源导航数据库，是较深层次的对学科化资源搜索并有序化组织的信息产品，它将收集到的专业数据库分类组织链接，组成多层次的目录型指示数据库，很多大型学科导航数据库配置检索引擎，可进行输入检索词或检索式并获取与之相匹配的检索结果的查询方式。

全方位的学科信息资源导航，既强调导航库类型多样化和内容的实用性，包括如重点学科导航、学科信息门户导航等实用信息导航。也强调学科导航的服务方式的集成化和个性化，包括自由定制分类、定制关键词、收藏记录、保存检索历史、保存检索策略、添加资源评论等。以重点学科导航库为例，在定位上以重点学科为信息收集对象，以重点学科相关带头人、研究者需求为基本出发点，在提供的信息内容上可以包括国内外的学术动态、知识要闻、会议资料、成果、人物、学位论文、电子期刊、工具书、经典专著、研究机构、学术实体和站点、专业服务系统等。

五、学科信息共享空间服务

信息共享空间是 20 世纪 90 年代欧美大学图书馆兴起的一种新型服务模式。信息共享空间是一个经过特别设计的一站式服务中心和协同学习环境，通过提供方便的互联网、功能完美的电脑软硬件设施以及内容丰富的知识资源库，把高校图书馆融入教学与研究的整个过程，为用户回归图书馆和拓展图书馆服务提供可能。

学科信息共享空间则是"以用户需求为中心"的理念做指导，依托各个学科资料中心，按照学科、专业整合图书馆空间、资源、服务，提供全力支持用户学习、教育、研究的环境，并以学科馆员服务形式融入用户整个学习、研究过程，以解决用户实际具体问题为最终目标，提供专业化、个性化的增值服务模式。服务中，图书馆学科信息共享空间除了提供专业性的数据库、专业信息导航，还提供学科介绍、学科动态、课堂服务、学科博客、联合咨询服务、学科定题服务、学科知识挖掘服务等特色服务。

在图书馆学科信息共享中，学科馆员处于核心地位，他们具备专业的学科背景知识并精通图书馆业务，他们以在图书馆学科信息共享为平台，融入高校用户的整个学习、研究过程，并为其提供专业化、个性化的全面集成的学科信息服务。学科馆员在在图书馆学科信息共享中的作用主要体现如下：

沟通协调。在图书馆学科信息共享中，学科馆员可以参与到各学科建设中，发挥与对口院系师生的沟通作用，使他们了解学科信息共享空间的各项服务内容，提出专业需求，更好地使用图书馆信息资源。

学科资源管理。学科馆员通过"整合—优化"建设的方式，进一步优化学科信息共享空间的整体资源，分析各学科的资源需求共性和差异，并对其他可以利用的资源途径与渠道进行分析考察，从方便实用、经济可靠等多个方面出发，在学科已经建立起来的资源供应体系上提出更加有效的和可持续的资源建设设计建议，进一步优化资源供应链。同时，通过"个性化优化建设"，以具体的课题组、科研团组、研究人员的研究方向为单位，定制属于他们自己独有的学科信息资源，帮助他们以最快的速度获得最全面、最相关的学科资源，从而节省资源查找时间，提高科研工作效率。同时，学科馆员甚至要承担起知识资产管理者的角色，在学术出版、开放存取、知识产权管理和知识组织等方面发挥作用。

学科战略顾问。学科馆员将学术出版、信息组织、知识发现、开放获取、知识产权、知识管理(如机构仓储)等纳入自己的服务范畴，将自己融入学科用户之中，为之提供周到、及时的学科服务。学科馆员善于对知识的营销设计和推广，同时善于对学科资源与服务的综合利用策划、协调与创新管理。

学科研究指导。学科馆员具有学科研究方向的指导能力和科研跟踪服务的能力，能够独立制作网页，按学科进行电子资源的整合与链接，定期到网上发布新文献信息；能够独立开展定题咨询服务和其他各类咨询服务；还可以不定期地为教师、研究生开展培训和辅导讲座，帮助他们掌握网上数据库的检索方法与技巧。

网络规划、引导。学科用户是学科馆员服务中的重要资源。在 Web2.0 环境下，利用网络服务，通过将学科用户和学科馆员嵌入一定的学科、专题、问题群组中，将学科知识资源与学科用户资源并重，由学科用户作为平台的内容建设者，由学科馆员作为平台的规范者和引导者。

六、学科信息门户服务

学科信息门户是近年来伴随着因特网的发展而出现的一种学科化服务模式。门户是通过统一检索、数据收割、推送服务等技术手段，将分布在不同信息源的内容整合在一起集中提供给用户的网络服务。学科信息门户则是致力于将特定学科领域的信息资源、工具与服务集成到一个整体中，按学科、专业分类，将学科的各类资源进行分类、归纳、序化与优化，提供全面的学科资源信息。简单来说，学科信息门户是用户访问某学科资源与服务的通道，它是一种网络服务，它为用户提供一个方便的信息检索和服务入口，使用户能够通过这样一个平台全面了解有关学科的信息全貌，掌握学科研究趋势与动态；同时，它也是联系学科馆员与用户的桥梁。用户通过此平台享受学科化信息服务，学科馆员使用该平台为用户提供服务。

作为信息服务平台，它利用各种先进信息技术手段和方法将海量的信息资源组织成一个相对集中的方便用户利用的信息系统，有效解决用户对学术信息资源的需求问题，提高他们的资源查找和利用效率，满足用户科研和教育等方面的信息需求。它是网络指南、学科导航、信息资源指引库的进一步发展。

学科信息门户服务具有以下特点：

跨系统一站式检索。用户在一个搜索界面，将搜索请求一次性输入，就可实现对多种资源和数据库信息的查询。它将各个系统的检索结果汇集起来，以统一的界面展示给用户，使用户的搜索方便而高效。用户不需要分别进入各个本地的或远程的检索系统来进行检索。

信息和应用的集成整合。信息内容经过深层次组织加工，形成高质量的信息内容。这些信息与各种信息服务有机地集成在一个统一的界面中。

收录的资源专业化。如专题数据库、专利信息、专题新闻、会议信息、讨论组和新闻组、教学资源、研究项目和基金课题以及相关领域专家的博客、个人主页等资源，它整合了不同类型、不同形式、不同渠道的专业信息和各种资源。

推行的服务个性化。学科信息门户模式注重服务功能的开发，提供各种个性化的增值信息服务，如简易信息聚合新闻推送、个性化定制、讨论组与社区服务、案例研究、新资源介绍、热点推荐等。根据用户需求与偏好的描述信息，或通过用户信息访问行为的动态分析来推测用户意图，进行信息过滤和信息推荐等。

参与的人员学科化。学科信息门户的用户中许多就是本学科领域的专家学者，他们对于专业学科资源的了解更为深刻，通过他们参与资源的创建能够有效发现有价值的信息，促进信息资源的最大共享。

尽管学科信息门户在实践应用上存在滞后于理论技术的问题，关键技术也还有待于提高，但随着学科信息门户概念的普及推广，以及学科信息门户关键技术的深入研究和广泛应用，新一代学科信息门户将成为专业数字图书馆共建共享的首选模式。

第二节　高校智慧图书馆组织方式的学科化服务

基于组织方式的学科化服务主要有学科分馆服务、协同式学科化服务和团队式服务三种。

一、学科分馆服务

目前，欧美许多大学图书馆都按学科建立分院，每个分院又组建学科图书馆，以支持特色资源建设和学科个性化需求。在这里，学科分馆是以学科为单元。该分馆主贞上建立学科链接，把图书馆内外的学科资源进行组织、序化，建立目录式资源体系，为用户提供学科资源导引和学科导航系统。学科分馆的设置使各分馆拥有相对固定的读者群，具有以下优势：①馆员对读者的资源需求和使用倾向有一个准确的把握，为购置优质文献，发挥资金的最大效益提供参考依据。②各种类别的馆藏文献资源按学科专业集中，便于读者查找、阅览和利用。③便于馆员、读者、馆藏之间的沟通和了解，从而有利于馆员了解本学科历史、现状和发展，有利于对该专业教学、科研的整体把握，也便于主动服务、跟踪服务，便于馆员与教师之间相互学习，便于馆员参加专业学术会议，获得会议文件等各种文献资源。④学科分馆向全体师生开放，方便读者，有利于提高信息资源的利用率。

"学科分馆——学科馆员"组合模式下学科馆员的工作职责是：①定期收集、整理、分析本学科不同层次读者需求信息，及时了解对口院系课程设置和学科建设情况。为科学、合理地购置书、刊和电子资源、数据库提供第一手参考信息。负责在因特网上对该学科资源进行收集、整理、链接，以目录形式展示在该学科分馆的电脑终端主页上，并定期维护、更新。②与对口院系保持联系，了解、掌握院系教学、科研的开展情况和进展。根据教师的备课需求和学生的学习需求，及时提供信息资源的介绍、辅导和帮助。在此基础上，追踪学科重点科研课题，通过不同渠道，查找各种有价值的信息源，并加以综合分析，帮助其获取最新、最有价值的资源信息，并通过电子邮件等方式提供给科研人员。③疏通双向交流通道。设立并公布学科馆员信箱以及电子邮箱，提供服务热线，通过与读者的沟通和交流，聆听读者的意见和建议，解答对口专业读者提出的各种问题。④建设优质的学科文献数据库。获取各种公开出版的优质专业报刊、其他报刊中的专业文献、内部有学术价值的学科文献，或采用节取选录的方式，对潜在的原始信息进行深度加工和提取，把隐含在原始文献中的有价值的观点、方法、数据、事实、结论摘录整理出来；或采用鉴定性的方式，对每种信息进行研究、鉴别、评价、筛选；或摘取语句段落，或通篇录用；或节取信息单元，制成有特色、优质的学科资源数据库。

二、协同式学科化服务

学科化服务属于知识创新的深层次服务，它具有高度的复杂性、多元性和不确定性。单独依靠学科馆员或某一图书馆做好学科服务十分困难，因此在学科化服务过程中引入协同机制势在必行。

协同式学科化服务是指为了提高学科服务的质量与水平，学科馆员与其他人员（包括其他馆员、用户代表、馆外协作成员等）通过互动、合作、整合等方式，进行多层次、多形式、多渠道、多方位的协作，以图书馆学科用户细分为前提，以学科信息知识的收集、整理、组织、分析和重组为基础，以学科馆员与其他人员的显性和隐性知识为保障，根据用户的具体问题和学科环境，直接融入为用户解决问题的过程中，提供能够支持知识应用和知识创新的深层次服务。其具有以下特征：

以服务创新为导向。从协同的目标来看，其实质是通过合作提供知识创新服务保障的过程，最终的目标是通过协作实现服务效能质变，支持知识创新与服务创新，最大限度地满足学科用户的信息需求。

以互动合作为途径。从协同的实现来看，它依托于学科馆员与其他馆员、用户代表、馆外协作成员等通过互动、合作、整合的方式来实现。

以多要素聚合为对象。从协同的要素来看，它是一种基于资源、技术、人力合作的更加复杂、多层次、全方位的合作，协同的内容不局限于信息资源本身，而是将各种信息资源、信息服务、人力资源、信息服务技术、信息基础设施聚合为一个有机运行的整体。

以双向协同为动力。从协同的方式来看，它是一种双向协同而非单向协同，参与协同的各方都是协同方，都是协同的策划者和受益者。

目前，协同式学科化服务总体可分为馆内协作型和馆外协作型，具体包括以下几种：

学科馆员团队内部协作，是协同式学科化服务的主要方式。只有实施学科服务的主体学科馆员之间做好了协同，才有可能与其他相关成员做好协同。在知识管理环境下，如何挖掘和利用知识人才的隐性知识是管理的重点，而团队是提供隐性知识积累、共享、创新环境的有效形式，随着信息环境的复杂化及用户对专业化服务要求的不断提高，学科服务必须依靠集体的智慧提高服务创新能力进而形成规模化整体效应。学科馆员团队应该是由一定数量的、专业互补的、富有创新精神的、愿意为共同目标而相互协作的高素质图书馆专业人员组成的。

学科馆员与其他馆员协作。学科馆员制度需要整个图书馆而不是由几个特定的学科馆员来执行，学科馆员的服务水平受制于全体的服务水平，因此要成功实施学科服务必须建立纵向管理与横向合作密切结合的矩阵管理模式，使团队合作和经营性的跨部门协作能够无障碍地进行。同时，图书馆要努力营造学科服务的整体氛围，组建一支以学科馆员为核心、其他部门馆员（包括科技查新、馆际互借、资源整合、宣传推广等各个部门）参与的支撑团队，由学科馆员与支撑团队相互协作，共同构成广义的学科服务群体，提供联合服务支持。在学科网页制作、学科平台构建与维护方面，学科馆员要与技术部馆员配合完成；在学科资源采选方面，学科馆员要与采编部馆员配合完成；在学科服务宣传推广方面，学科馆员要与办公室相关人员配合完成。例如，上海某大学图书馆构建了"学科馆员—咨询馆员—馆员"的服务梯队，另外某大学图书馆构建了"学科馆员—咨询馆员—辅助人员"的服务梯队。

学科馆员与用户代表协作。用户在整个学科服务中占据了非常重要的位置，具有巨大的挖掘潜力，学科馆员应与用户进行多层次的创新合作，通过整合用户群体中的各种资源提高学科服务水平。然而，用户是一个庞大的群体，学科馆员不可能与所有用户进行沟通互动，为此，必须加强与用户代表的协作互动，这里所指的用户代表主要是教师代表和学生代表。在与教师代表协作方面，主要是指学科馆员与教师在学科资源建设、信息素养教育、学术研究、学术资源系统开发、参考咨询服务等多方面展开协作，如上海某大学图书馆推出的特色科研信息专员培训服务等。在学生代表协作方面，主要采用学科馆员—学生顾问制度的协作服务，即设置学生顾问，使之及时反映所在院系师生的信息需求，协助学科馆员在所在院系开展讲座培训、参考咨询、需求调研等学科服务。

学科服务馆际协作。学科服务馆际协作是高校图书馆根据馆情和学科服务需求，按所属系统或所在地区自愿组成图书馆联合体，统一协调、统筹规划，以联合服务平台为依托，资源（学科文献、学科馆员）共建共享，开展学科化联合服务。目前，高校图书馆已经开展的馆际互借、文献传递、协作式数字参考咨询等都为学科服务馆际协作奠定了基础，在某种程度上可以认为是学科服务馆际协作的雏形。各高校图书馆之间还可在学科化服务的组织管理、活动策划、宣传手段、工作思路等多方面形成互动，并通过打造学科服务联盟形成多方互动。这种联盟一般由一个或多个图书馆发起，通过联合本地高校图书馆或公共图书馆建立起学科化服务联合体，可以在学科信息资源的共建共享、学科馆员的共享、学科服务平台的共建共享等方面进行协同。

学科馆员与书商、数据商协作。学科馆员与书商协作主要体现在举办书展方面，通常由图书馆提供场地，由书商提供图书，两者合作在校园内举办书展。这样既可以让书商销售出更多的图书，也可让图书馆购买更多符合读者需求的图书。而学科馆员与数据商协作主要表现在：①学科资源的整合。②已购数字资源增值服务的开展，即借助已购商业数据库提供的基于学科服务的免费增值服务平台搭建学科服务平台。③数字资源的培训交流，即数据商定期或不定期地对学科馆员和师生进行资源培训，使其动态了解相关数字资源的新功能、新特色。

三、团队式服务

随着信息环境的复杂化发展以及用户对专业化服务要求的不断提高，单个馆员独立式工作已很难满足用户系统的深层次的需求，这就有必要组建由多种类型人员组成的工作团队，分别负责学科联络、知识组织、情报研究、个性化服务等任务，在协同工作的基础上，提供系统化、深层次的学科服务，这便是团队式工作模式。团队式工作模式特别适合为协作式科研提供服务。在网络环境下，虚拟项目组、基于网络的开放研究群体等被人们广泛接受，它们具有学科领域广泛、研究群体动态变化等特点。因此，根据项目需求，从不同地区、不同学科领域动态抽取学科馆员组成服务团队将更具可行性。在这种需求驱动下，学科馆员团队将会从单一图书馆内部的协作走向与馆外的分布式网络协作。目前，主要有以下几种团队式服务：

（一）固定型团队模式

固定型团队模式由几个学科服务人员组成固定的服务团队，每个学科团队服务于一个或多个学科院系，学科团队由学科馆员、咨询馆员、辅助馆员组成。固定型团队模式的特点在于：采取学科馆员负责制，赋予学科馆员更多的职权，在工作中提高学科馆员的管理能力。同时，不要求学科馆员具备所有的能力，团队成员之间可以进行互补，如学科馆员更强调组织领导能力，咨询馆员可以更加强调专业知识能力，辅助馆员可能更善于沟通与宣传。固定型团队模式典型的成功案例有上海交通大学图书馆。

（二）互补型团队模式

由于固定型团队也可能出现人手不够或学科交叉的情况，因而互补型团队模式在固定学科服务团队的基础上，由2~3个固定型学科团队之间小范围协调，将学科化服务人员按特长进行分工、确定职责，以各人之长来开展服务，如团队中可以培养学科馆藏资源建设专家、信息素养培训专家等。这种模式的特点是分工较科学、合理，不追求全能型馆员，力求最大限度达到馆员能力的共享。也有图书馆在不同部门之间组建互补型团队，如来自读者服务部门和采访编目部门的馆员就可以采取合作协同的方式，发挥各自的特长，同时也弥补了人力的不足。

（三）可塑型团队模式

可塑型团队模式设首席学科馆员，以全局工作为重点，对以学科馆员为首的固定型团队灵活重组，以适应任务的需要，可以说是以任务为中心的协作模式。可塑型团队也是在固定型团队的基础上进行协调，但不同于互补型团队的是，可塑型团队是对所有学科服务人员进行灵活组配，不讲求谁属于哪个固定学科团队。其特点在于此种模式可全方位涉及学科服务的各种内容，从宣传沟通、素养教育到资源保障、深层情报研究服务，采用这种模式组建的团队，其学科化服务能否成功实施，关键在于图书馆组织机构与运行机制的保障。采取此模式的如武汉大学图书馆，它将学科团队划分为社会科学、人文科学、理学、工学、信息科学、医学6个学科工作组，下设小组长，每组5~6人，小组成员由来自不同部门包括各分馆学科馆员、信息服务中心人员及院系资料室人员组成。

（四）拓展型团队模式

拓展型团队模式与个体模式中的院系协助型相似，团队模式组建也可获得院系的支持，特别是科研团队的支持，因此此种模式也可称为"嵌入型团队模式"。例如，上海某大学图书馆实行的信息专员制度，它由各院系不同科研团队委派一人参加图书馆的高级培训，考核通过后聘任其为学科服务团队的信息专员。信息专员的职责是做好所在科研团队的学科服务工作，并接受学科团队的考核和指导，这种模式的特点是学科服务团队和院系科研团队联系紧密，非常有利于将学科服务嵌入科研，但对信息专员的培训、管理与考核制度还须完善。还有某大学图书馆也采取类似的模式，每个学科团队设学科联系人，院系设院系联系人，院系联系人通常由教学秘书或科研秘书担任。

第三节　高校智慧图书馆服务内容的学科化服务

国内外高校图书馆学科化服务的内容因具体情况有所侧重和不同，但从总体上来说，不外乎以下几个方面：

一、学科资源建设

高质量的学科文献信息资源是学科建设和教学科研的保障，是图书馆开展高效学科服务的基础。文献信息资源建设的核心是对学科信息资源内容的评价和选择，传统文献类型组织资源建设的模式难以达到学科资源建设知识化、专业化的要求，而按学科专业组织资源建设工作的学科化是大势所趋。

高校图书馆学科资源建设是其资源建设工作按学科专业来划分的模式。从学科馆员在资源建设中的角色表现与参与方式来看，目前国内外图书馆学科化资源建设可分为三种。

传递式。学科馆员负责学科联络和读者资源需求信息的收集，并将读者需求信息传递到采访部门。学科馆员在资源建设中主要起联络、传递的作用。目前，国内多数图书馆属于这一类型。

介入式。除传递院系读者需求，学科馆员还参与部分类型文献资源的采选工作，有相应部分资源的采选决策权。图书馆学科馆员负责外文纸本图书的采选。

主导式。即由学科馆员主导对口学科的资源建设工作，全面承担学科资源建设的统筹责任，多数还具体承担资源遴选工作。

从上述可以看出，学科馆员主导的学科资源建设是高校图书馆学科资源建设的发展趋势。为了保障学科资源建设的科学性和满足率，促进学科资源建设与学科服务的有机融合，高校图书馆在以学科馆员为主导的学科资源建设中，还须重点明确学科馆员、采购馆员和院系读者三方的协作关系、角色定位及各自发挥的作用，以形成主次有序、协同运作的建设格局。

学科馆员的主导性。其表现在：①学科馆员是学科资源建设的规划者和政策制定者，学科馆员负责对口学科的各种类型文献信息资源建设的整体规划和馆藏发展政策制定，以不断完善学科资源的布局和发展。②学科馆员是学科资源需求和学科资源出版的调研者。一方面，学科馆员与院系师生经常联系，可以及时了解对口院系学科建设动态、课程设置，把握师生对文献资源的需求；另一方面，学科馆员需要主动关注对口学科的发展趋势，与书商、数据库商联系，捕捉资源出版动态，提高资源需求（包括显性需求和潜在需求）与供应的契合度。③学科馆员是各学科资源采选的主导者，学科馆员在学科资源采选中承担统筹责任和主要采选任务。对于学科期刊、数据库，以及外文图书的调研、评价和选订，适宜由学科馆员完全负责，对于采选工作量较大的中文图书，视不同学科性和学科馆员的岗位职责安排，分别承担主要采选、协助采选或订单审核责任。对于综合性数据库，由于固定责任人或多个相关学科馆员共同调研评估。资源采购的事务性、技术性环节则由采购馆员负责。④学科馆员是馆藏学科资源评价、复选、维护的主导者，学科馆员应对已有学科资源馆藏体系进行深入研究和客观评估，巩固特色馆藏，寻找薄弱环节，并进行针对性补缺、筛选和剔除，不断维护和优化馆藏结构。例如，针对新课程、新学位点，及时回溯购置相应经典教材、优秀参考书、代表性作品等，及时跟进学科建设的资源保障。⑤学科馆员是学科资源的整合者和推广者。学科馆员负责馆藏学科资源的深入挖掘和整合，负责本学科领域开放获取资源的采集和评估，通过学科资源导航、学科门户等系统平台组织揭示，并通过各种方式宣传、推广，帮助读者高效利用。

采购馆员的合作性。在以学科馆员为主导的资源建设模式中，采购馆员主要在采购业务技术环节发挥作用，负责征订书目接收和按学科分发或挂上图书馆的自动化系统、订单查重和集中发送、验收、查缺补漏、定期统计等事宜，一般不参与学科资源的采选。采购部门负责人（或由学科馆员兼任）负责采购业务的组织和协调，协调各类型、各学科资源的合理布局和经费分配方案，拓宽采购渠道，分发征订目录，控制经费支出，协调工作进度，组织馆藏结构和使用统计分析等。

院系读者的参与性。读者依然是资源建设中非常重要的一支力量。在学科资源政策和购书方案制订阶段，学科馆员要广泛征求院系师生意见，多次沟通达成一致，保证资源购置的原则规范性和一致性。在日常资源采选工作中，或者将电子书目发给院系师生，请其直接参与采选，或以网络荐购为辅，具体到每条读者意见需要视其是否具备普遍性来处理。广泛、充分、合理发挥读者的荐购作用，使得资源建设在广度和深度上更加科学合理，也有利于构建良好互动的图书馆与读者之间的关系。

二、学科信息素养教育

信息素养教育服务包括信息素养课程设计、参与课堂教学等。提供信息素养教育是学科馆员很重要的一项工作。学科馆员经常走到院系中去，主动与教师联系，探讨如何将信息素养教育结合到专业课程之中。有的学科馆员还与专业课教师共同设计课程，探讨如何将信息素养教育融入专业课程的教学过程中。参与学科教学逐渐成为高校图书馆学科馆员主要职责之一。

目前，美国、澳大利亚、英国等高校图书馆已经在信息素养教育的发展中相对完善，许多高校不仅把信息素养教育纳入正式的教学，还积极与教师探索基于学科专业课程的信息素养教育模式，逐渐向学科信息素养整合教育的方向发展。学科信息素养整合教育是指以学生为中心，通过学科教师与图书馆员的合作，将信息素养贯穿学科课程的全过程（包括内容、结构和结论），使学习者在教师与图书馆员创设的情境、协作与会话等学习环境中充分发挥自身的主动性和积极性，对当前所学的知识进行意义构建，并用其所学解决实际问题的教育模式。在这种模式中，学生是知识的主动建构者和运用者，教师和图书馆员则是教学过程的指导者与组织者，意义建构的促进者和帮助者。信息所携带的知识不再是教师传授内容，而是学生主动构建意义的对象（客体）。

通过这种教育模式，学生既可以获得专业知识，又可以获取终身学习的能力和技巧。其方式有两种：一种由馆员培训教师信息素质技能，然后由教师将这些知识有机地融入课程中，让学生在学习专业课程的同时提高信息素质；另一种由馆员和教师共同讲授相关的知识，但有所分工，馆员侧重介绍基本的信息检索、利用和评价技能，教师则主要介绍与学科研究紧密相关的研究方法和研究技能。这种合作式信息素养教育实际上就是嵌入式信息素养教育，学科馆员通过和专业教师的协同合作，将信息素养教育内容嵌入学生学习和研究的过程中。

国外学科信息素养教育整合历经几十年的发展，经历了由不正式到正式、由部分到全部、由间断到连续的几个过程，这些成功的范例具有某些共同的特征。这些特征整合并结合实例介绍 6 种模式，包括导入模式、基础教育模式、学习效果模式、信息素养课程模式、院系中心模式和需求模式。

导入模式主要面向新生或交换生，以传授基本或通识知识为主，图书馆员或教师都可采取主动方式。基础教育模式可以将学习效果整合进基础课程的目标以及课程的全过程中，有利于馆员和教师对信息素养相互负责，并为以后合作打下基础。信息素养课程模式将信息素养从传统的书目指导中解放出来，通过教师管理人员提供资源，批准课程进行合作，将信息课程与专业课程联系起来，并将信息素养教育纳入学分课程。教师中心模式改变了单独由图书馆员进行的信息素养培训的方式，转移到以课程为基础、学科教师为主导、促进学生参与的模式，以此来培养学生获取终身学习的技巧。该模式如果与其他模式相结合，并提供支持信息素养教育的工具和方法，效果会更佳。需求模式是目前图书馆中的主流模式，动力来源于教师为某门课程请求开设信息课程。

三、参考咨询服务

参考咨询服务是高校图书馆工作中一项十分重要的工作，是在数字化、网络化的信息大环境下，以丰富的馆藏资源和网络资源为依托，针对网络用户的需要，由具备一定专业知识的图书馆工作人员将馆藏资源和网络资源进行收集、整理与加工，并通过在线问答、电子邮件等形式反馈给用户的服务机制。

在网络技术与信息科学飞速发展和数字化信息资源与日俱增的今天，参考咨询工作的咨询环境、咨询模式和咨询工具等都发生了巨大的变化。图书馆接受咨询问题与解答咨询问题的方式从面对面的传统咨询方式扩展到网上咨询服务。有别于传统参考咨询的"一对一"服务，新的服务策略将为用户提供有价值、实效性、针对性强的图书馆参考咨询服务。于是实时咨询、在线咨询、可视咨询、互动咨询等方式纷纷涌现，为用户提供网络时代实时、高效、便捷的服务。其中，合作参考咨询的出现大大提高了咨询服务的质量，对传统参考咨询服务而言是一个质的飞跃。

合作参考咨询服务是由多个图书馆或情报咨询机构建立协作关系，充分利用各自的信息资源特色和人才优势为用户提供全天候的数字参考咨询服务。其优势在于：①它不仅能够改善图书馆专业咨询人员不足的情况，而且可以把学科馆员从烦琐的咨询服务中解脱出来。②这种虚拟参考咨询服务不受时间、空间限制，具有实时性、开放性、广泛性和公益性，能够使读者及时得到自己想要的答案。③它能以统一的标准为用户提供咨询服务，减少咨询答案不完整、不统一、出错的现象。目前，我国已初步建立了几个合作参考咨询系统，主要包括网上联合知识导航站、联合参考咨询与文献传递网和虚拟参考咨询服务系统等。

数字图书馆的虚拟参考咨询服务突破了传统参考咨询服务时间和空间的限制，人们可在任何时间、任何地点获取信息，是一个灵活的个性化的信息服务和信息获取方式。该服务实现了用户与学科、专家知识连接，具有交互式、问答式、灵活性等特点。

第四节 高校智慧图书馆智能技术的学科化服务

基于智能技术的学科化服务是通过建立智能信息系统与信息共享应用平台，使虚拟信息资源可以进行智能处理，从而实现智能化信息检索、智能化信息处理的一种服务模式。它利用开放和互动的网络信息工具，如广域网 2.0 技术等来深度挖掘各类专题信息，并与用户互动，直接回应用户需求。较之传统信息服务，它具有高度的智能性，即使在没有用户的干预下也能自主或交互地执行各种拟人任务；根据用户使用习惯、爱好、背景和要求，主动分析、预测用户需求，为用户提供量体裁衣式的个性化服务；集成了专家系统、机器学习、人机交互接口等功能，具有能自我学习、自我调整，加快知识库更新，不断满足用户需求等优势。

一、简易信息聚合学科信息推送服务

简易信息聚合在图书馆行业中的应用已如火如荼，特别在学科化信息服务方面，它可以发挥信息过滤、信息收集、信息推送和交流四个方面的作用。信息聚合和信息推送是其两大基本功能。这些功能在图书馆中具体表现在以下四个方面：

收集学科信息。在简易信息聚合应用中，当用户在提供简易信息聚合格式输出的界面提交自己感兴趣的主题后，提供该输出的各个网站中与需求有关的信息都被整理聚合到用户面前，并依据一定的标准进行排列。这样，用户无须分别打开各网站进行搜索，也不用费心去记忆众多的网址，简易信息聚合可以自动地把有关信息整理聚合到一起供用户参考使用。

推送学科信息。主动信息服务的提供是在信息技术的应用下完成的。推送技术的核心是建立一个信息代理机制，由它把网上的信息用推送的方式推到用户面前。用户无须链接到资源所在的网站，简易信息聚合就可以把其所聚合的大量相关的学科最新信息主动提供给用户，以满足用户的需求。

整合学科信息。在简易信息聚合对信息有效集成的基础上，用户只需要通过一次检索（即第一次使用时提出具体的请求），在今后的查询中不必再次发出请求就可检索相关网站所提供的全部信息，并经过过滤机制为用户提供结果。这一方面避免了用户在网上漫无边际地寻找，可以节省用户宝贵的时间和上网费用；另一方面因无须查看整个网站，从而减少无用信息在网络中的传输。

信息共享社区。在简易信息聚合应用中，对同一主题的问题，有关专家可以发表自己的评论和见解，同时还可以与其他专家进行讨论交流，这一点在博客中有所表现（很多博客提供了该功能信息查阅方式）。这与行为安全观察方式和在线聊天方式存在着共性。在这种条件下，参与讨论的人与人之间的知识在某种程度上实现了共享。

基于简易信息聚合的即时性、个性化、集成性和易获性的特点，该服务可以为科研人员在科研过程中提供大量相关的学科信息，服务方向主要为学科信息聚合、新书通报、专业期刊目次、学科资源导航等方面。

学科信息聚合。学科信息聚合是依托此方式的聚合信息的特点，将专业学术网站、学术信息导航、学术研究博客等信息资源整合，并推送给用户以供参考学习。一方面使用户能及时了解到学科的最新发展动态，另一方面也减少用户盲目查找学科信息所花的时间和精力，如厦门大学图书馆的图林网志聚合、上海交通大学图书馆的专业博客网志聚合等。

新书通报服务。新书通报是图书馆的传统工作，它让读者能够及时了解图书馆最新图书动态，以寻找自己所需要的图书，同时也为一些专业书籍寻找特定读者。它在读者的阅读活动中起着重要的宣传导读作用。新书通报工作直接影响读者对图书和图书馆的利用程度和感受。

大多数图书馆通过自己的网站发布新书通报，使读者足不出户，只要登录图书馆的网站就能获得图书馆新书上架的信息。页面的发布方式是目前新书通报的主要方式。这种方式主要有两个方面的不足：一方面是服务缺乏主动性和互动性。读者若需要获取新书信息就必须登录图书馆的新书通报页面，查找相关学科的新书上架情况，另一方面是难以满足读者的个性化需求。读者所关注的书籍一般集中于某一学科领域的某一部分，图书馆的学科分类并不一定能满足读者的需求，这样势必带来许多读者并不关心的信息。

随着简易信息聚合与联机公共目录检索系统技术的发展，图书馆可以利用两者相结合。考虑到图书学科类别问题，将联机公共目录检索系统中的新书信息通过索书号分类，提供针对不同学科的简易信息聚合服务，这样用户就可以根据学科类别定制该学科的新书信息。

专业期刊目次服务。对于纸质期刊，如果没有期刊目次数据库的支持，一般只能做到对新刊到馆情况的提示，而对于电子期刊，则可以利用数据库平台自身提供的简易信息聚合定制功能，获得最新的期刊目次。

随着简易信息聚合阅读方式的逐渐普及，越来越多的商业数据库开始提供该订书功能，按照收录期刊的目次提供，当新一期的目次入库时，可自动通知用户最新的期刊目次信息，有代表性的如商业数据库电子工程协会、网络互连协议、全文期刊数据库、《科学引文索引》、中国期刊网等。这些学术期刊数据库由于期刊的更新频率快、时效性强，利用简易信息聚合订阅，可以让用户及时掌握新刊的到馆情况，取得当期期刊目次。电子期刊平台的简易信息聚合定制功能，一般有按刊名定制、按关键词定制和按检索式定制等两种方式。

通过这种方式跟踪刊目，可以同时获得多个期刊针对学科的有用信息，以长期保持与学术前沿的同步。例如，上海某大学图书馆建立的期刊目次订阅平台。

学术资源导航。学科导航服务已经成为当前图书馆最重要的服务形式之一。目前，很多图书馆网站正在建设类似于"学科导航系统"的平台，试图收集和整理因特网上的各种学术性资源，平台的展示方式有学科博客、学科研究社区、学科资源门户等，如中国科学院国家科学图书馆开发了一个基于简易信息聚合的科技新闻聚合服务系统。

二、分类学科化信息资源服务

分类可以拓展学科化信息资源在服务中的个性化，将信息资源以大众的方式进行揭示，因此分类开放的分类方式更容易让读者理解。在学科化信息服务方面主要体现在信息资源的揭示与检索、个性化信息资源组织和信息热点与主动服务。

信息资源的揭示与检索。信息资源的揭示与检索主要表现在联机公共目录检索系统中的应用，读者在检索馆藏的同时，可以对馆藏进行标引和标注，并可以了解其他人对该资源的认知情况。采用这种社群沟通方式从大众的角度来了解资源类别和内容。同时，通过标签检索也拓宽了传统联机公共目录检索系统的检索途径，使得读者可以以更多方式获取信息资源。

个性化信息资源组织。分类的应用可以使得读者在组织信息资源的方式上变得更个性化，并具有以下几个特性：①读者可以对图书馆网站中的新闻、服务内容、数据库、帮助信息等加分类。②读者可以通过自己的分类标签快速跳转到相关的页面。③全站分类标签为读者提供一种新的网站浏览方式。④分类为读者提供全站内容的查询功能。

信息热点与主动服务。分类库对用户进行使用挖掘分析，将信息的热点进行用户群体的相关度分析，可以实现以下功能：①知晓近期读者最关注的图书。通过某段时间内用户标注最多的图书，形成图书热度排行。②发现近期读者最关注的主题。通过某段时间内标签标注次数、访问次数、访问用户数等，找出标签热度排行。例如，用户 A 标了一本书，用户 B 也标注了，就可以通过这本书建立一个用户 A 和用户 B 交流的联系。若用户 A 和用户 B 都标注了若干本图书，那么就可以把用户 A 和用户 B 联系起来，以形成读者聚类。③主动推送标签相关的图书给读者。即把某本图书主动推送给用了相同标签的读者。例如，用户 A 用了一标签，用户 B 也用了，就可以通过这个标签建立一个用户 A 和用户 B 交流的关系。若用户 A 和用户 B 都用了若干个标签，那么同样可以形成读者聚类。

三、智能即时通信学科信息服务

(一)智能即时通信学科信息咨询服务

图书馆在开展学科化信息服务时，需要选择采用何种方式与用户交流沟通，其中较为常用的有智能即时通信。利用智能即时通信，图书馆可以实现实时地与用户交流，进行学科化信息服务，其在表现形式上主要有两种方式。

1. 嵌入用户环境

图书馆面向学科领域和科研机构，组建一个个灵活的学科单元，将资源采集、加工、重组、开发、利用等工作融入每个学科单元之中，每个学科单元由若干名学科馆员负责，并将学科馆员的即时通信联系方式提供给用户。在用户与学科馆员建立联系之后，用户登录该工具即可向学科馆员进行咨询，以获取帮助。通过学科馆员专业化的知识重组，使信息服务由粗放型管理转向学科化、集约化管理，从而为用户提供更深入、更精细、更个性化的服务。例如，宁波某大学图书馆以馆藏资源为基础，将学科分为人文社科、工程技术、人文语言、生命科学等，每个学科由专门的学科馆员负责，并提供网上咨询联系方式。

2. 嵌入学科信息服务平台

为了更好地发挥图书馆在网络环境下的作用，许多图书馆为学科化信息服务搭建了专门的服务平台。学科信息服务平台是联系用户和学科馆员的媒介，是学科知识服务系统的外在表现形式。学科馆员通过学科信息服务用户服务平台向用户提供服务，学科化信息服务的各个组成部分均可在此平台上以醒目、有序、便捷的方式展现。在学科信息服务平台上，利用网页嵌入技术将智能即时通信方式嵌入平台，加强了服务平台与用户的互动，改善了用户的服务体验。

即时交流模块在图书馆知识导引系统上可以集成第三方即时通信嵌入式网页，目前它集成的通信工具在各大网页中相关联。用户进入相关学科的界面后，在右侧可以看到此专业学科馆员的即时通信交流方式。使用界面上的聊天工具，即可与馆员进行实时交流，随时随地获得参考咨询服务，这有助于用户在需要帮助获得馆员的帮助。

（二）智能即时通信学科智能推送服务

针对学科的信息推送是高校图书馆的重要工作之一。学科服务作为高校图书馆一项重要的对外服务项目，对馆员的要求很高，工作量也很大，需要即时获取学科最新信息和动向，并将收集到的信息加以整理并发布到网络上。但是，整理后的信息量仍然很大，读者很难找到自己真正关心的信息，从而使得学科服务的效果并不明显。

智能即时通信作为即时性的交流工具，具有实时性和个性化的特征，图书馆利用它作为个性化信息推送服务可以为读者获取信息带来极大的便利。较之其他推送方式，该功能具有以下优势：

信息及时提醒。读者可以在第一时间获取新书信息，不需要电子邮件那样去人工收取方可获得。

低成本。该信息通信不需要支付任何费用、而手机短信是按照短信条数进行收费的。若此项服务免费的，读者订阅的新书信息过多或订阅的人数过多，图书馆势必要支付一定的费用，对图书馆而言，随着服务的推广将是不小的负担；若需要读者支付短信费用，那么此项服务定制人数将大大减少。

隐私保护。由于智能即时通信的信息内容只有读者登录才能看到，因此利用该功能可保障读者个性化信息的隐私。

高校图书馆在开展学科化信息推送服务时，可将即时通信工具引入创建智能机器人平台，作为分发平台。读者可以在平台上定制自己关注的学科内的细小分类，这样就保证了读者接收信息的质量又释放了学科馆员的基础工作量。智能即时通信机器人可以根据读者定制的条件将学科馆员的最新信息进行筛选分级，并发送到读者的即时通信工具上。应用此款机器人代替学科馆员发送学科化信息，它可以取代人的部分工作，可以将工作时间从5×8小时拓展到7×24小时。它是一种便于管理和维护并且低成本的解决方案，是基于人工智能技术的应用，可以针对服务对象以及业务类型的不同进行分类处理，对通信的内容进行智能的分析，从中提取指令内容，并根据指令的内容获取服务对象需要的信息并予以回复。利用智能即时通信开展学科化信息推送服务，可以让更多读者定制学科信息，而不受时间、空间、人员的限制。例如，上海某大学图书馆2009年推出的联机公共目录检索系统机器人服务，以及后续设计开发的百科机器人、信息导航机器人、新书通报机器人等。

智能机器人服务开发方案主要包括学科信息推送服务流程和系统建设两方面。一方面，根据用户需求确定业务的主要流程。基于该用户建立自己关注的学科以及学科下面的详细方向分类，并提交其常用的即时通信工具联系方式，将系统的即时通信机器人加为好友。学科馆员在管理后台将收集到的最新学科资讯进行分类并批量导入平台数据库，机器人每天定时从数据库中获取最新的学科资讯，并根据读者定制的分类，将信息发送到读者的即时通信工具上，读者登录后即可看到最新的学科信息，并可以通过发送指令的方式向机器人请求其他学科的信息，机器人根据请求的条件获取信息并发送到读者的即时通信工具中，并在此基础上形成了学科信息推送服务模型。另一方面，是系统建设，即根据即时通信推送机器人具有多用户数并发、响应读者命令及时、7×24小时服务等特性，设计定时推送和根据用户指令，获取两部分主要功能进行学科信息库和用户信息库建设。

四、无线射频识别技术学科化服务

无线射频识别技术是物联网技术中的核心点，它可实现远程读取标签信息，进行智能识别，并进行相应的后台数据处理。

在这个过程中，我们可以获取读者的个人信息，并以学科作为服务主体对象，进行针对性的服务；对于图书，同样由有学科分类作为依据，通过标签智能识别，在后台数据库进行处理与智能化推送。可以想象,读者来到图书馆后,系统通过读者携带的无线射频识别读者卡自动识别身份,将读者对应学科的新书信息或可能感兴趣的图书书目推送到他的手机上,同时显示详细的查找路径。读者把要归还的图书随手放在还书机上,图书就被自动扫描归还。来到预约书架前,旋转读者预约书的书架自动亮灯进行提示,把三维立体化的地图显示出图书的位置信息,系统自动计算出一条最优路径指引读者前往对应书架。大厅中有智能机器人进行各种图书馆学科咨询类问题的解答,传送带将分拣后的归还图书按照学科分类分送到图书馆的各个阅览室,阅览室中装载图书的智能书车自动导航行进,将学科类图书运送到各个书架等,这些构想都可以通过无线射频识别系统实现。高校图书馆运用该技术可以使其服务更好地服务于读者,为读者提供更加丰富的学科信息内容,提供更为方便、快捷的信息获取渠道。其主要体现在以下几个方面:

(一)学科化信息提示服务

高校图书馆中,读者面临最多的问题就是学科类的图书难找,往往缺乏方向性,需要向学科馆员进行咨询。借助无线射频识别技术,可以将学科化信息资源非常直观地揭示给读者,使读者寻找想要的学科类图书变得更容易。

基于无线射频识别技术的智能书架的出现为更加科学和准确地定位学科图书信息提供极大便利。智能书架是在原有的书架上安装多个无线射频识别阅读器,每个阅读器的扫描范围对应一层书架或一个单元格,采用轮询读取机制,每隔5~10秒扫架一次,改进了以往在人工盘点的时候才能获知图书是否在架的不足之处。

智能书架实现了在架学科图书的实时定位,但是对于不在架的学科类图书,要进行精确定位就相对困难一些,可以考虑在各个阅览室的书桌、门口等公共位置安放一定数量的大功率无线射频识别阅读器;安装在书桌上的阅读器定时扫描附近的图书信息,阅览室门口的阅读器配合红外感应装置扫描进出阅览室的图书信息,这样学科类图书从离架到出阅览室门口都会被全程监控,读者假如再携带图书进入其他阅览室,那么该图书信息又会被记录下来,直到完成借书出馆操作。这样,在理论上,图书馆内图书的位置信息可被随时掌控,可在查询系统中清晰直观地提示给读者。除此之外,利用无线射频识别技术还能够与其他学科服务平台相结合,将各种学科信息资源有效加以利用,并展示给读者。由于互联网的高速发展,各种数字资源与多媒体形式层出不穷,图书馆的读者群体逐渐将关注的重点从纸本书籍转移至数字及多媒体资源上,各种学科及咨询服务也依托了一些个性化的学科服务平台,将信息快速而准确地传递到读者的终端。与传统学科咨询服务相比,该技术无疑效率更高。读者使用内含无线射频识别芯片的读者卡进馆,该技术后台系统会自动识别出读者身份,并在后台数据库中获知其学科分类信息、经常关注与借阅的学科类图书等(也可以把相关信息直接写在该芯片中)。凭借获取到的学科分类信息,图书馆其他学科服务平台即能以接口方式与无线射频识别后台系统互联并获知读者的学科分类及其他相关信息，通过各种不同的手段为读者提供个性化的学科服务，如在网页上直接突出显示与该读者学科相关的学科资源信息或者该读者可能感兴趣的内容，将该学科热门类的资源直接揭示给读者，这无疑是该技术实现智能化学科信息揭示服务的有力手段，也是在传统学科咨询服务中融入人性化、智能化的一种服务模式。

（二）学科化信息推送服务

传统学科咨询服务模式是"一问一答"的形式。读者碰到某些问题后找到学科咨询馆员，馆员负责对该问题进行解答。这种模式比较被动，而且效率不高，不能充分发挥学科馆员的作用。在互联网时代，各种个性化的学科服务平台与技术手段已经非常成熟，完全可以改变固有的模式，将学科化信息服务提升到一个新的高度，实现主动式推送的目标。读者进馆后，无线射频识别阅读器读取其随身携带的读者证，获取读者信息。通过读者证内的学科信息及无线射频识别后台数据统计系统中的相关统计数据，可以获知某个读者近期借阅了哪些学科类文献，推测其可能对哪些学科类文献最感兴趣，据此可通过各种平台向其推送相关的书目资料，也可以通过电子邮件或者广域网等手段直接向其推荐该学科的新书、热门书籍或者其可能感兴趣的图书。另外，该推送功能也可考虑与高校图书馆现有的诸如联机公共目录检索等目录查询系统等相整合，在用户登录个人账号后，即可看到根据他们的兴趣或者学科分类推荐给他们的书目信息及其他数字类的学科信息资源，对于还不太会检索学科信息资源的读者来说，在得到极大帮助的同时，又切实地感受到了图书馆所提供的主动式学科服务的便捷。

在学科图书查找过程中，可以在每个书架旁安放一个显示屏，智能书架侦测到书架上的取书动作后，读取所取图书的无线射频识别标签，即可获得该书的详细信息，通过该技术后台数据库接口与图书管理系统数据库链接，定位到某款手机软件等一站式检索网站中的相应图书信息，也可以链接到一些学科服务平台上，如学科电子期刊、数据库列表网站等，将这些网站提供的信息进行智能筛选与整合，在书架旁的显示屏上进行主动式推送，读者即可实时查看详细的书目信息、书评信息、目次信息、学科相关信息等，还可以推送与该书目相关的其他学科类书目与数字资源信息，以供读者选择。在繁重的学科排架、上架中，智能书车可以按照预定的程序进行有条不紊、无差错的分类、上架等工作，将书籍准确无误地推送到各个书架。例如，深圳图书馆的智能书车是一种具有车载计算机和固定文献分拣单元格的电力驱动小车，由无线射频识别阅读器和计算机对文献和书架标志进行识别和准确确定，并显示文献在书架的具体位置，实现本区域所有文献位置数据的查询和运送，使传统的书库运输车同时具备了文献上架、排架和自动寻址的功能。

（三）学科化信息统计服务

无线射频识别技术不仅拥有远程识读图书标签信息的功能，更为重要的是可以充分利用其后台数据库统计的数据信息。在定制数据库的时候应该考虑各种数据统计功能的需求，对图书和各种处理状态进行记录，从而实现对学科类图书的借阅历史进行分析的功能；确定学科类热门图书的种类，某个学科哪些书籍是最受青睐的，以此为依据可进行学科类书籍采购的趋势分析，以达到合理使用图书经费，购置有效文献，提高所采购学科类文献利用率的目标。此外，还可以统计出某些学科比较冷门的图书文献资源，据此开展书籍的剔旧工作。若与系统采集与统计的读者信息相结合，还可以统计出某个学科的读者群体最喜爱借阅的书籍。

图书馆所使用的图书管理系统本身也具备了借阅统计功能，但使用无线射频识别的技术统计能衍生出不少特色服务，如可以提供热门图书的扫架服务。读者只要手持阅读器对着书架一扫即可获知该书架上哪些学科类的书籍是最受欢迎、借阅次数最多的，该信息即来源于无线射频识别后台的统计数据库。以此为依据可从每个书架中选取5~10本学科热门书，放置于每个阅览室新增的学科热门/推荐书架上，每月进行一次更新。该热门/推荐书架可采用智能书架的形式，书籍上架后无线射频识别阅读器收集到相关的图书信息，并与无线射频识别系统进行关联定位，自动发布到联机公共目录检索系统的热门学科类图书推荐栏，供读者参考。通过对热门、冷门类图书资源的统计，可以规划出更合理的排架规则，可以将热门类的书籍置于读者最容易看到的位置，以体现出图书馆人性化服务的一面。

（四）学科化预约图书服务

基于已有的无线射频识别智能书架技术，高校图书馆将实现更加智能化的预约图书服务。预约书架是基于最新的无线射频识别技术来实现智能化的图书馆预约学科书籍借阅功能的。在预约书架上铺设地毯形状的无线射频识别天线，每一个无线射频识别天线覆盖书架的一个单元格，读取距离需要仔细调整与控制，防止读取到邻近单元格的图书标签信息，每个单元格上安装一个不同颜色的显示灯。读者通过互联网查找并成功预约书籍后，无线射频识别后台数据库每天从图书管理系统自动抽取所有预约学科类图书的到书信息。当读者来到图书馆并进入预约书架区域后，必须先刷卡确认身份，刷卡后系统读取读者个人信息，与图书管理系统中的预约书籍及读者信息进行比对，然后在旁边设置的显示屏上返回相关信息。假如未找到匹配记录，系统会提示读者未找到预约书籍；假如有匹配记录，则显示屏上将显示出读者所预约的学科图书信息，包括标题、作者、出版社等可自定义的内容。同时，放有学科预约书籍的单元格上的显示灯将自动闪烁以提示预约书籍所在的位置，读者取完书后再次刷卡即自动完成图书的借阅。假如读者取了非本人预约的书籍，则系统会提示非本人预约书并停止借阅过程。这种预约书架无疑加快了读者寻找所预约的学科类书籍的速度，提高了工作效率，凸显了"智慧"图书馆的特点。

第五章
高校智慧图书馆的建设与服务创新研究

第一节 高校智慧图书馆建设构想分析

我国高校图书馆经过数十年的建设，已基本完成了从传统图书馆向数字图书馆的转变，信息科学的快速发展，智慧图书馆正逐渐成为图书馆发展的新趋势。因此通过智慧图书馆的概念、特点及建设现状分析，提出如何通过智慧图书馆建设，更好的发挥高校服务功能的构想。

早在 1999 年，物联网的概念就已经被正式提出，并且迅速发展壮大、波及全球，智慧图书馆就是在物联网的环境下产生的。"智慧图书馆"概念的提出和具体实践最早出现在欧美国家的图书馆和博物馆中，尤其是大学图书馆。例如，芬兰奥卢大学图书馆、澳大利亚昆士兰州、加拿大渥太华的一些图书馆和博物馆等。直到 2005 年，我国才逐步开始注意并重视智慧图书馆的研究和实践。经过数十年的发展，我国高校智慧图书馆已初见成效，如何通过智慧图书馆建设，更好的发挥高校服务功能，逐渐引起广大学者的关注与研究。

我们可把"智慧"这一词理解成灵活敏捷处理事物的一种能力。21 世纪科技快速发展，智能技术在很多领域得以应用。2009 年，某知名企业由此提出了智慧城市这一理念，该理念的提出是以实现人们更好更方便的城市生活为目的。这一新的概念的提出被很多学者所关注，不同学界的学者也开始讨论将智慧理念融入图书馆当中，旨在推进图书馆智慧化的发展。实施证明，智慧图书馆是可以实现的，比如利用无线射频技术建立的图书馆同第一个手机移动图书馆合作建立的拥有智慧查询服务的上海图书馆。智慧图书馆的概念在学界中还没有统一的概念。不过，大多学者的理解逐渐一致，认为智慧图书馆就是基于物联网和云技术基础上的以信息技术为主导，以提升图书馆服务实现图书馆持续发展的新型图书馆。其本质是以人为本，为人们服务，最终目标是为用户提供智能化和无人工干扰的图书馆服务环境。

有学者将数字化、网络化、智能化作为智慧城市的主要特征，但这只是对智慧城市外在特点的解释。同样的，智慧图书馆数字化、智能化等信息技术也只是对其表面特点的概述，而且根本特点则是互联、便利、高效，其中互联指通过全面感知和深度协同、立体互联，把智慧技术渗透到图书馆服务个耳光环节和流程，实现其发展创新；高效指的是通过整合集群、灵敏便捷把智慧管理纳入图书馆服务当中，将可持续发展理念导入前后台、软硬件，实现书人相连，书书相连，为读书节省更多的时间，提升处理事物的效率，提升整合集群后的效能，将图书馆中的资源效率最优化和最大化；便利则是基于全面立体感基础上实现无线泛在环境，无论是谁，不管在哪里都可以以任何方式获得需要信息，并实现相应的信息互联，让图书馆随时随地为用户服务，互联集成技术则使得异地、复杂的服务变得更一体化更简化，实现了内外和个性的互动，这就是智慧图书馆中的人本理念的表现。

一、高校智慧图书馆建设现状

国内高校图书馆经过数十年的发展建设，已经基本实现了从传统图书馆向数字图书馆的转变。所谓数字图书馆，就是在计算机和网络信息技术上把不同载体和不同区位的实物同虚拟信息通过数字的形式加以处理，同时构建成数据库，为用户提供随时随地可选用和查询的服务。同传统的图书馆比较来看，数字图书馆的创新体现在向数字化、虚拟化和信息化发展，可以不受时间、空间的影响进行信息检索、优化。信息技术的发展以及用户要求的提高，加之服务理念的改变，数字图书馆在智能化、协同化等方面的不足问题越来越冥想。当前，我国高校图书馆要实现从数字图书馆向智慧图书馆的升级还存在以下问题。

硬件设施建设参差不齐。从当前的实际情况来看，大多高校图书馆的网络环境和信息平台的等建设都得到了普及。有的211和985高校图书馆的经费也是比较充足的。不管是硬件还是软件服务改变都很大，在整合或者自建或者是购买资源后为用户提供了更为高质量的图书馆服务。不过，因为每个图书馆的实际发展情况不一，信息化建设水平也就不一。造成这种差异的原因有两个。一个是经费，一个是观念。有一些高校图书馆因为受地区发展限制，一些高校因为社会资源供给不足，信息化资源建设水平相对比较落后。一些地区因为生活观念相对落后，使得整体信息化建设水平也较低。

新技术平台建设缺乏规范化。目前各高校图书馆使用的新技术或平台，一般都是高校根据自身的特点来设计的，这样就容易出现很多问题。一是软件设计人员能力、素质、理念等因素，各高校图书馆的软件系统漏洞多、协调性差，功能性不全；二是因为高校自身特点不同，导致各高校之间的软件多种多样、兼容性差，无法很好地实现高校信息共享。

数字化资源建设质量有待进一步提高。衡量图书馆信息化平台的一个主要指标就是数字化资源的质、量。质在很多情况下往往容易被忽略。用户在使用的时候，怎么辩解又高效的搜索到自己要的信息也越来越难。大数据环境下，信息很多，不同信息过多重复、简单的问题也会变得复杂，一些定义混淆的情况也经常出现。量则是在数字资源多样化传播环境之下，其获取方式简单，分秒回传也可以实现，量大量小均可以掌握。数量在增加的时候，用户分辨信息价值高低也就更加困难了。

现代图书馆专业技术人才培养滞后。图书馆信息化管理是一项系统、复杂的工程，不但要有创新意识、理念，还需具有创新的人才队伍为之支撑。但是，不管是高校图书馆管理人员的综合素质，专业能力，都存在明显不足的问题，这些人员虽然能够使用计算机，但是距离具有强烈信息意识、较强专业素质、掌握现代化信息管理技术的要求还存在差距。

二、智慧图书馆与高校服务功能的融合

（一）继续探索与加强高校智慧图书馆的基础建设

智慧服务平台的搭建。智慧服务平台具备协同性、移动性和自动化等特征。基于物联网和云计算技术支持下，能够实现智能问答、主动帮助、自动监测和绿色环保等服务职能。一方面，以互联网、射频传感器、云存储器等技术作为支撑，实现了信息资源管理由数字化向智能化的转变；另一方面，丰富的数字资源也整合到数据库中，把信息资源经管中枢服务器映射到用户终端。

智慧服务理念的构建。建立智慧服务理念，以用户需求为主，根据其需求和习惯进行判断，为其提供智能化和个性化的信息处理和采集服务。

（二）智慧图书馆面向校内师生提供智慧服务

构建方便、快捷的智慧服务。在确保高校图书馆基本设施和信息整合的基础上，作为图书馆的管理者要摈弃传统的管理思想，解放思想，以用户为中心，为用户提供更好的信息服务，确保信息安全，建立智慧理念。其次，完善管理机制，促进新技术的应用，为校内师生提供方便、快捷的数字资源服务，使图书馆成为信息服务中心，科研创新助手。

依托大数据、云计算服务高校人才培养。智慧图书馆作为未来高校信息服务中心，每天将会产生和记录大量的师生借阅、浏览、上传、下载等后台数据，依托大数据、云计算等现代信息技术，可以实时、精确的统计分析师生对各学科信息的关注、应用程度，从而为高校基础设施建设、专业建设、课程建设、师资队伍培养、科研创新、学生发展培养等人才培养目标决策、过程管理提供数据支撑，进一步促进高校实现精细化管理。

（三）智慧图书馆面向社会提供公益服务

服务社区公益，信息资源共享。图书馆工作的宗旨是实现信息资源的共享，这也同样是时代发展的要求。信息共性主要包含两个方面，一方面是引进来，也就是通过不同的方式和途径把有意义的信息拿进来，信息化时代，通过网络技术利用网络资源，另外也不能忽视一些优秀的纸质资源。另一方面是走出去，也就是将有价值的资源贡献出去，不能搞信息保密的封闭式管理。当前，有一些高校图书馆提供公益服务，向社区提供信息资源，不仅可以增加经费，还能满足适合需求、适应时代发展又是为人们服务的公益行为。

服务精准扶贫，对口实现信息扶贫。知识扶贫、技术扶贫是精准扶贫的重要工作之一，高校图书馆作为信息资源的重要集结地，在精准扶贫中可以充分发挥信息资源的优势。一方面，高校依托智慧图书馆主动为扶贫对象提供知识、技术方面的信息资源，帮助扶贫对象适应市场变化、挖掘谋生潜力、提高收入水平，从而改善生活状态；另一方面，智慧图书馆通过扶贫对象对信息资源的应用统计分析，为相关扶贫政策、措施的制定提供数据支撑，从而对口实现信息扶贫。

网络信息时代，图书馆发展的一个必由之路就是智慧图书馆的建设。这能够从根本上将传统图书馆工作方式和服务模式进行变革。而高校图书馆应当增加投入，进入人才，转变观念，更好地推进智慧图书馆的建设，发挥其为师生和社会服务的功能，更好地满足读者的个性化需求。

第二节　高校智慧图书馆信息资源体系构建

智慧图书馆的建设需要优质、多元、高效的信息资源体系的支撑。从充分利用发现服务系统进行馆藏资源、共享资源和开放获取资源，深度揭示管理和评估等方面论述了智慧图书馆信息资源体系架构的必要性。

高校图书馆无论转型方向如何，资源始终都是读者的刚性需求，是高校图书馆服务能力、服务质量的决定因素，资源建设始终是高校图书馆重要的基础工作。但在新的信息技术的推动下，特别是大数据、云计算、物联网、智能技术的推动下，数据走向数据海，学术记录、出版方式走向数字、开放的模式，图书馆的信息资源建设模式、建设方式和方向也要做与之相对应的改变。智慧图书馆想要建设优质、多元、高效的信息资源体系，就需要从资源的采集、整合、揭示、管理和评价等方面重新思考资源建设。

一、智慧图书馆信息资源体系的架构

智慧图书馆在当前信息技术的背景下，追求资源提供能力和知识服务能力，给读者提供"文献+数据+碎片化信息"的全资源信息服务，即智慧图书馆文献信息资源体系架构要包括馆藏资源、共享资源和开放获取资源。

智慧图书馆馆藏建设。一般来说，馆藏资源包括纸质资源和数字资源。在智慧图书馆的馆藏资源建设中，应根据学校的人才培养计划和目标，科研与学科建设的需要，优化馆藏学科分布，在采访中应平衡多种采访模式，大力加强数字资源建设，保障全校普遍适用的学科覆盖面较广的综合类数据库；优先为重点学科提供专业数据库支持，再逐步扩展到其他学科；对于新建、扩建的学科，需要集中填补文献资源空缺。

纸质资源采用读者荐购方式，但效果并不理想，智慧图书馆的读者荐购也要与时俱进，增强操作性。这就需要图书馆员走出去，成立院系师生采访小组，集合大家的智慧，建立特色鲜明的荐书平台，让荐书成为常态化、规范化的行为。上海交通大学"思源荐书"平台就是以学科馆员为枢纽，在采访馆员和院系师生架起一座沟通的桥梁。具体做法是：首先学科馆员把采访馆员收集的书目信息整理后推送给院校师生，然后把院校师生的反馈单整理后交给采访馆员，最后再把采访馆员的采购反馈意见反馈给院系师生的过程，零星的荐购、反馈直接在采访馆员和院系师生之间进行，非常值得借鉴。智慧图书馆可利用新技术多渠道开通荐购方式，除了电话、邮箱、在线留言外，也要充分利用微博、微信等微媒体。读者决策采购掌上电脑是近年来在我国图书馆界研究的热点，其本质是以读者需求为核心的资源建设理念，打破了馆员决定馆藏格局的状况，促进了图书馆资源建设向满足即时需求转变和信息掌舵人由馆员向读者转变。掌上电脑是一种采访智慧化过程，应逐渐成为图书馆采访的主流模式。

电子资源采访一般采用单馆购买和集团采购的模式。集团采购是一种很有效的购买方式，即多个馆组织起来一起采购某种资源，不仅可以节省大量时间和经费，还可以降低购买风险，获得最佳服务，促进馆与馆之间的交流与合作。

目前集团采购主要有全国集团采购、地区联盟采购和专业院校联盟采购三种类型。全国集团采购主要以高校图书馆数字资源采购联盟为主，引进国外数字资源，高校图书馆数字资源采购联盟门户成为综合多元工作平台，在此平台上数据库商能及时发布数据资源信息，组织和开展培训；成员馆能在线采购并对服务进行评价；代理商能参与管理成员馆采购行为；牵头馆能便捷发布、管理其牵头资源；联盟和成员馆能有效准确地进行评估。地区联盟采购主要是以省市为单位，绝大多数的省市都建立了地区的图书馆资源联盟，其中江苏省最多，有 20 个，如江苏省高等学校数字图书馆成员馆最多。专业或行业图书馆联盟主要以行业或专业为主，如医院图书馆联盟和石油院校图书馆联盟等。集团采购数字资源是数字资源引进的发展趋势，是智慧图书馆数字资源采购的必选之路。

共享资源。共享资源的主要服务方式是进行文献传递和馆际互借服务。我国比较典型的信息资源共享系统有中国高等教育文献保障系统、中国高校人文社会科学文献中心和国家科技图书文献中心，涵盖的资源非常丰富。中国高等教育文献保障系统已经有 1600 多家成员馆，通过该系统自建的统一检索平台，可以检索并使用所有成员馆的资源，包括 600 多万种书目记录、400 多万篇的中外文学位论文、36 万种中文图书和 3 千多册外文图书的在线阅读和电子书借还服务。中国高校人文社会科学文献中心拥有 782 家成员单位，收录的国外人文社会科学领域的核心期刊和重要印本期刊达 22781 种；电子期刊达 2108 种，电子图书达 41.7 万种；外文印本图书达 172.8 万种。国家科技图书文献中心的文献资源以国外科技文献为主，兼顾国内科技文献，涵盖期刊 17000 多种，外文会议文献 8000 余种、会议录 5241 种、科技报告 1351 种、中外外文学位论文近 350 万篇。国家图书馆可外借的中外文基藏库图书近 1000 万册，拥有 120 多个数据库。上海图书馆可提供复印和借阅的中外文图书 400 多万册，期刊近 6000 种。通过这些单位的平台目录检索，可提供图书借阅和章节传递服务。智慧图书馆要把这些丰富的资源囊括到自己的资源体系中，在资源推广中积极的推荐，利用好文献传递和馆际互借服务方式。

开放获取资源。开放获取兴起于 20 世纪 90 年代末，到 2001 年 12 月，开放获取国际研讨会发布"布达佩斯开放获取倡议"。

开放获取实现方式有金色开放获取和绿色开放获取。金色开放获取主要是开放获取期刊，其主要驱动是开放获取出版机构；而绿色开放获取主要是机构知识库，其主要驱动是学术机构或资助机构。开放获取资源可以免费使用、能够永久保存。智慧图书馆要积极参与到开放获取的各个层面，对开放获取资源进行收集、整合并建立导航，方便读者使用；进一步加强机构知识库建设，在开放获取资源的传播和共享中发挥重要的作用。

二、智慧图书馆文献信息资源的揭示

对于图书馆来说，推进资源深度聚合，提升全网域资源发现与获取能力尤为重要。资源发现服务系统是对元数据和部分对象数据进行预收集，通过归并映射到一个标准的表达式进行预聚合，形成统一的元数据索引，能对图书馆正在利用的系统（图书管理系统、统一认证系统、远程访问控制系统、原文传递系统等）进行无缝集成，为读者提供涵盖馆藏纸质、数字资源，机构仓储资源和开放获取资源等全部类型的中外文资源的统一发现与获取服务，真正实现数字资源从发现到获取的一站式服务。

中文网络级资源发现系统"超星发现"发布。超星发现能够对 2348 家图书馆的资料文献进行搜索，为教育科研提供专业服务，空检索返回 3.29 亿条记录，检索速度快，感觉不到延迟。利用数据仓储、资源整合、知识挖掘、数据分析、文献计量学模型等相关技术，较好地解决了复杂异构数据库群的集成整合，完成高效、精准、统一的学术资源搜索，进而通过分面聚类、引文分析、知识关联分析等实现高价值学术文献发现、纵横结合的深度知识挖掘、可视化的全方位知识关联。

百度公司正式推出"百度学术搜索"，是为用户提供海量中英文文献检索的免费学术文献搜索平台，涵盖了国内外的期刊论文、会议论文、学位论文、专利、图书等学术资源，收录 70 万学术站点，元数据索引在 2015 年 1 月超过 5 亿条。百度学术的数据一方面是与各大国际出版机构合作，获取其题录数据、引文数据及部分开放获取数据，另一方面是利用搜索引擎优势对中国知识基础设施工程、万方等暂时未参与合作以及长尾学术站点（如期刊过刊数据库、机构库、学者个人主页等）进行自动收录、解析和清洗。百度学术在全文获取途径上占据优势，可以从百度文库、道客巴巴、豆丁网获取，还可以进行文献互助等。外文资源发现系统一般采取第一年购买费用（实施费）与后续维护费（年订购费）方式进行定价，费用根据图书馆需要配置的资源量、服务对象的规模和图书馆的类型来确定，对于普通高校图书馆来说，这种持续的资金压力无法承受，而超星发现以其资源优势和价格优势迅速在高校馆普及，百度学术更是以免费受到高校图书馆的青睐。

资源发现服务是图书馆服务原理的一种"网域化"，是站在读者角度上提出的服务，是一种具有图书馆学科特质和适合图书馆工作者智能特点的智慧服务，是对资源进行深度揭示、提高资源利用率、建设智慧图书馆资源服务体系必不可少的环节。

三、智慧图书馆文献信息资源的评价

高校图书馆数字资源所占比重日益增长的同时也显现出管理滞后的问题，即缺少合适的评估体系。很少有高校采用技术手段监测数字资源使用，一般是根据数据库商提供的统计数据进行分析，但其不能动态监控数字资源的使用情况，更不会对使用情况进行实时判断和自动干预，而超过其上限停用数据库，统计数量和质量都无法满足图书馆的需要，对数字资源绩效难以准确评估。对此，图书馆急需一套能够满足自身需求的数字资源统计评估系统，不仅可以将有限的经费花到最迫切的资源上面，还可解决资源的合理使用问题。

对数字资源的评估系统研究主要有：对数字资源服务进行监控，用开源软件或利用代理服务器进行数字资源的监控和统计。但都存在一定的缺陷，在以前研究的基础上，大连理工大学图书馆王正军等提出了基于旁路监听的数字资源评估系统的设计思路，南大图书馆沈奎林等提出基于网络日志分析的数字资源监测系统的实现，对高校馆在数字资源的管理和评估方面会有很好的推进作用。对数字资源评估可以让图书馆对资源的使用效果、价值、满意度有更清晰地了解，并且可以对数字资源采访计划起到很好的参考作用，更是智慧图书馆资源体系建设必不可少的重要环节。

智慧图书馆的建设是巨大的系统工程，是一个长期的过程。信息资源体系建设是智慧图书馆提供智慧服务基础，是建设智慧图书馆不能分割的重要环节。只有建立起优质、多元、高效的资源体系，才能更快地建设好智慧图书馆。智慧图书馆的建设涉及各个方面，需要学校领导的支持，更需要每个图书馆员的积极参与。图书馆员需时刻关注新技术、新理念和新方法，努力建设成需求与技术驱动下的读者满意的真正智慧图书馆。

第三节　新时代高校智慧图书馆的建设分析

一、人工智能驱动下高校智慧图书馆建设

随着我国将人工智能等计算机尖端技术研发写入政府报告，标志着其发展进入崭新的

阶段，在今后一段时间内将会对社会生产生活造成极大影响。对于高校智慧图书馆建设来讲，人工智能的快速成长和引入也为其带来了新的发展思路与机遇。文章通过对人工智能基本原理、智慧图书馆建设基本方案等进行分析和探讨，寻求二者的结合点，从而创新高校智慧图书馆建设方案，形成人工智能相关技术驱动和支撑的高校智慧图书馆建设模式。

人工智能起源于 20 世纪 50 年代，与第一代计算机几乎是同时起步，其核心思想是让机器具备像人类一样的思维能力甚至是行动能力。大数据时代，人工智能带来的热潮已经影响到各行各业，应用也愈来愈多，如自动存取系统、机器人、数字孪生技术、视觉识别技术、自然语言处理、机器学习、语音识别、神经科学、生成对抗网络等。

智慧图书馆是新一代图书馆建设方向，通过对物联网、云计算、大数据、互联网+、人工智能等技术的融合和构建，形成全智能、全感知、全服务的新型图书馆，将图书馆信息化建设推向极致。

本文在人工智能快速发展的大环境下，通过分析人工智能与智慧图书馆建设共通点，深度融合智慧图书馆各方面建设技术，创新高校智慧图书馆建设新模式。

（一）人工智能简介及基本原理

人工智能是研究、开发用于模拟、延伸和扩展人的智能的理论、方法、技术及应用系统的一门新的技术科学。人工智能的定义现在还没有较为统一的意见，①人工智能就是根据对环境的感知，做出合理的行动，并获得最大收益的计算机程序；②从发生定义角度对人工智能进行描述：机器（软硬件）能根据分配的任务或规定的目标自动对各种媒介的信息内容（数据、知识等）进行输入（感知识别）、加工整理、分析、决策、输出，并能自主进行反应（反馈与互动）与操控等。这两者是比较全面和中肯的定义。

从实现模式上看，人工智能有 4 种分类：类人思考、理性思考、类人动作和理性动作，其内涵包括 8 个基础学科：哲学、数学、经济学、神经科学、心理学、计算机工程、控制理论和控制论和语言学。从人工智能实现程度上可以将其划分为弱人工智能、强人工智能以及超人工智能。目前我们所讨论的基本上是弱人工智能以及特定领域的强人工智能。

人工智能底层实现一般情况下包含专家知识库、推理机以及人机接口等模块。其核心是专家知识库和推理机，需要将特定领域的知识通过符号化进行计算机可识别的存储，这个符号化的过程就是计算机理解知识的过程。当计算机理解了知识之后就可以引入推理机，推理机是在知识的基础上进行类人思维模式的推导过程，也是计算机拥有智能的关键，通过推理机计算机才可以解决专家知识系统中从未涉及的问题。最后将问题解决结果通过人机接口以语音合成、视频合成、文字、图片等形式返回，完成人工智能工作过程。

（二）多视角创新高校智慧图书馆建设模式

信息资源推荐。信息资源推荐最早采用纸质化方式，以卡片、册子或报告为单位进行信息传播；后期图书馆完成信息化建设后更新为邮件、订阅、简易信息聚合等电子出版物形式，信息流通速度进一步加快。人工智能时代，信息资源推荐是建立在推荐算法之上的更加个性化、深层次、高水平的信息推荐方式，一方面将人工筛选信息所占比重进一步降低，从而可以大幅提升信息资源处理效率；另一方面，人工之智能算法的应用也可以突破人工模式下思维和专业单一的窘境，提供更多具有关联性的交叉学科信息。

人工智能驱动下的信息资源推荐可以采用内容关联算法、协同过滤算法\基于流行度算法、基于模型算法等再结合卷积神经网络、自编码、循环神经网络、生成对抗网络等人工智能技术，进行信息资源的深度认知和挖掘，实现人工智能环境下的信息资源获取、知识生产、知识认知与体验、知识推送等一系列过程。

计算机视觉。计算机视觉在图书馆的应用是最近几年才兴起的研究领域，研究如何使机器"看"的技术，进而从图像或者多维数据中获取信息。这里的"信息"是抽象定义上的信息，也就是香农所说的可以帮助做决定的"信息"。计算机视觉的最终研究目标就是使计算机能像人那样通过视觉观察和理解世界，具有自主适应环境的能力。计算机视觉步骤可以分割为图像获取、预处理、特征提取、检测分割、高级处理等。

计算机视觉可以为高校图书馆提供更加先进的人脸识别门禁系统、智能借还书系统、智能监控系统等。人脸识别门禁系统通过对门禁的改造，在设备端加装高光感、高动态范围摄像头，在后台录入读者面部图像，完成刷脸进馆、刷脸借书等操作。一方面可以改善读者的使用体验，省去忘带读者证就无法进馆的烦恼；另一方面，也可以提升安保措施，从进馆源头就可以进行读者追溯，杜绝冒用他人读者证入馆甚至是恶意借书的行为。

智能监控系统是对现有监控系统的全面升级，采用图像处理、模式识别和计算机视觉技术，通过增加智能视频分析模块，过滤掉视频画面无用的或干扰信息、自动识别不同物体，分析抽取视频源中关键有用信息，快速准确地定位事故现场，判断监控画面中的异常情况，并以最快和最佳的方式发出警报或触发其他动作，有效进行事前预警、事中处理、事后及时取证。智能监控系统可以有效解决目前图书馆人员编制大幅压缩所带来的工作窘境，通过智慧巡更、行为检测、人脸识别等可以大面积替代人工成本。

此外，还可以借助计算机视觉技术完成图书馆各区域的客流统计，使图书馆的运行方式、人员安排、资源布置更加科学化、灵活化、模块化，提升使用效率、降低运营成本。

个性化感知。个性化感知强调图书馆作为一个有机体主动去辨别和认知自己所服务的每一个读者，为其建立详细的用户画像，做好个性化服务。现代化的图书馆里面充斥着各种日志记录、视频检测、红外传感、射频识别、无线访问接入点定位、必肯定位、条码、二维码等设备，可以全方位地追踪和分析读者在实体图书馆和虚拟图书馆中的资源使用情况，而人工智能要做的就是分析和学习这些记录数据，将其汇总成可以描述用户偏好的各种维度，进而辅助信息资源推荐服务的开展。

智能化资源分类。传统图书馆的资源按照主题进行分类，催生了中国图书馆分类法、中国科学院图书馆图书分类法等资源分类方案，主题分类法在以纸质馆藏为重心、学科交叉发展不明显的时代发挥了巨大的正面作用，理顺了资源保存策略、加快了资源查找速度、提升了资源的利用率。而到了以电子信息资源为发展重心、学科高度交叉的新型图书馆建设时代，以大型主题进行资源分类已经不能满足图书馆的业务需求。一方面是纸质馆藏量逐年不均衡增加，各个分类之间需要进行频繁倒架以满足新书的上架需求，而倒架伴随着纸本资源的位置变动，不可避免地加大读者查找和学习成本；另一方面是读者找寻图书更偏向于以特定范围的小主题进行查询，希望通过最短的时间获取多样性的、有价值的交叉学科资源，这些在现有的分类方案中都无法较好实现。

智能化资源分类可以采用自动化主题挖掘和聚合，按照精细化设置的主题进行资源保存、展示和流通，类似目前的主题展览、特色数据库以及机构知识库，保证读者可以在小范围资源内获取到该领域所有权威资料。不同之处在于目前可以利用人工智能技术，通过分析读者的借阅行为、特定领域的数据挖掘、算法预测等实时生成热点主题，用以指导资源分类和排架。更有甚者，特别是针对电子资源，可以直接生成当前热点研究主题的基础知识库，为读者提供更加高效、精准的资源服务。

机器人。广义上的机器人是指能替代人工的一切机器设备，包含装备制造业、海洋、船舶、餐饮、教育等各个行业所使用的固定、半固定、自由运动类型的机器设备或交互接口。狭义上的机器人是人工智能的一种外在表现手段，其形象大多拟人、拟物或者是适合特定场景环境，可以是虚拟的也可以是实体的，机器人拥有自主思考、运行、自我修复、自我学习等特点。

高校图书馆所使用的大多还属于广义定义上的机器人，可以替代人工做一些半自助化操作，如自动借还书、门禁、图书分类等。而人工智能机器人的应用场景会更加丰富，有了自主思考和语音、视频交互能力后，机器人可以用来完成一些参考咨询、资料查找、业务办理等操作，如湖北省图书馆、广州图书馆等均引进了拟人化智能机器人，用于读者接待和参考咨询。南京大学图书馆更进一步，与南京大学计算机科学与技术系陈力军教授团队合作，自主研发图博档公共服务机器人，和第一、二、三代智能盘点机器人，将人工智能切实落地到实际应用中。其中第三代智能盘点机器人已经产品化和量产化，可以实现自主导航、自主运行、使用射频识别技术进行图书扫描并显示错架信息，从而彻底解放一直忙于查错的图书管理员。并且机器人可以在夜间运行，与人工管理完美结合，机器人晚上进行错架扫描，图书馆管理员在白天进行错架书籍归位，大大减少书籍错位的时间。

智能网络。现代化的图书馆不仅仅是资源集合地，更是各种网络服务的中心。一方面图书馆提供的网络服务规模和种类逐渐增长，受众越来越多，愈来愈不可控；另一方面，网络安全威胁日益严重，可被攻击的漏洞随着设备、服务的增加而增加。对于网络管理和网络安全，人工智能领域也提出了相应的解决方案，主要观点是"实时巡逻、及时阻断"，利用智能防火墙、智能入侵检测系统、神经网络、规则专家系统、数据挖掘等技术及时发现网络中的恶意流量、病毒，甚至是内网中的不合规操作，及时进行端口禁用、网段封锁、调用杀毒程序进场清理等，从而保障网络的安全、畅通。

智能网络通过机器学习模型判定安全威胁，检测木马变种和未知威胁攻击、零时差攻击等，并且做到主动防御，将网络安全逻辑框架从单纯的边界防护上升到整个网络安全的防护，形成以"察知"为核心的网络空间管防控系统化能力，达到对未知威胁检测、可视化、秒级分析和处置响应的网络安全新高度。

（三）面临的问题与挑战

思维缺失。人工智能对高校智慧图书馆建设的冲击一如前几年的计算机信息化、网络化、全球广域网2.0、大数据所带来的翻天覆地的变化，对图书馆整体的软硬件设施、服务模式、资源建设等提出了更高的要求。但是人工智能的出现和落地是需要一个漫长的过程，图书馆员如何不断寻求人工智能与智慧图书馆的结合点，弥补人工智能思维方式的缺失，终将是一个巨大的挑战。

人才匮乏。人才匮乏问题在图书馆经历各种变革的时期都是普遍存在的，从根本原因上来讲就是高校图书馆人事管理太过于死板，无法有效应对社会变革带来的冲击。这一点从高校智慧图书馆建设过程自主研发项目的数量可以看出，几乎是全军覆没，能有力量进行自主建设的也是进行了校内合作，如南京大学的建设模式。人工智能人才的匮乏直接会导致两个突出问题，一个是上面所述的思维缺失，因为没有人了解人工智能，也就不会有将人工智能引入智慧图书馆建设的想法和方案；另一个是即使想引入人工智能，也只能被厂家牵着鼻子走，丧失了主动权。

资金支持力度不够。图书馆建设经费大部分集中在资源采购方向，智慧图书馆建设能得到的资金支持少之又少。同时大部分高校图书馆没有实验室或者教研室建设经费支持，能灵活使用的经费更少。但是人工智能研究又需要大量的软硬件支持，这就对困境中求生存的图书馆领域研究人员提出了更加急迫的要求，努力寻求资金支持，让智慧图书馆建设搭上人工智能的快车道。

数据爆炸。数据爆炸问题在大数据到来之前就已经被各个领域所感知，而到了人工智能时代，这个问题会进一步加剧，原因在于人工智能处理原始记录会产生大量的中间数据、结果数据、日志数据等，这些数据的规模同样不可小觑。在引进人工智能之前，高校图书馆应充分考虑应对新型数据爆炸的问题。

隐私和安全。由于人工智能、传感网络、计算机视觉等的全面运用和强大的后台分析能力，图书馆获取用户信息和挖掘用户个人隐私信息十分便利，随之而来的隐私问题也应该被逐渐提上解决日程，如何避免用户的隐私泄露和用户画像数据的滥用应该成为关注的重点。而安全问题更是重中之重，当图书馆中具有自主行为能力的机器人越来越多之后，如何避免机器人与人的"冲突"，保护读者安全也是一大难题。在应用人工智能机器人的图书馆中已经出现过由于部分读者经常与机器人对骂，而造成机器人学习和使用脏话并将其普遍使用到日常参考咨询过程中的案例，这些都是要极力避免的问题。

（四）应对策略分析

首先，尝试改变图书馆现有的人事架构比例，从以资源采购、编目、排架、读者服务为主力的人事招聘和人员安排转变为向技术岗位倾斜的人事管理方式，尤其是有助于智慧图书馆建设的高新技术岗位，要勇于聘任、积极聘任，补全高校图书馆发展过程中的专业人才和专业思维短板。其次，高校图书馆应积极拓展资金和项目来源，用来吸引人才和软硬件设备升级改造。最后，要在建设之初就提前构建有效的数据存储和隐私安全保护机制，避免读者数据泄露造成不良影响。

本节通过对现阶段人工智能和高校智慧图书馆建设的研究和剖析，提出信息资源推荐、计算机视觉、个性化感知、智能化资源分类、机器人、智能网络等多个视角的人工智能驱动下高校智慧图书馆建设方案，并对其中可能遇到的潜在问题进行了初步分析与探讨，以期为高校智慧图书馆建设提供一种崭新的思路。

二、高校智慧图书馆人力资源建设

智慧图书馆作为未来图书馆的新模式，将成为图书馆创新发展、转型发展和可持续发展的新理念和新实践。认真分析智慧图书馆的内涵和发展，以及智慧图书馆的特征，结合高校图书馆自身的特点，高校图书馆馆员应在观念、技能等方面做出切实的转变。

作为社会主义精神文明建设重要组成部分的高校图书馆，如何紧跟时代发展的步伐，为全面建成小康社会，满足人民对美好生活的向往，这是高校图书馆人急需认真思考的问题。21 世纪以来，随着科学技术的不断发展进步，互联网、人工智能、物联网、无线通信技术等信息技术的飞速发展，以及此类技术在图书馆的不断运用，可以让我们清晰地看见"以人为本，读者至上"为宗旨，以数字化、智能化、网络化为基础，高效便利地为读者服务的智慧图书馆是未来图书馆发展的方向和模式。

（一）高校智慧图书馆的特征

智慧图书馆，通过互联网、物联网、人工智能、云计算、无线通信技术等现代技术手段，以用户为中心，对读者的读书活动、馆藏、馆舍等大数据进行挖掘、分析，高效、便利地来满足读者个性化差异化的信息需求。它是以现代技术为基础，以读者的需求为目标，充分发挥人的主观能动性，从而最大限度地实现图书馆资源的效益。高校智慧图书馆具有以下三个显著特征。

1. 服务对象的特殊性

不同类型的图书馆，服务的读者类型不同。城市公共图书馆的读者以普通市民为主，而乡村图书馆的读者以农民为主，少儿图书馆的读者主要是以 5~14 岁的少年儿童为主。

高校图书馆的服务对象，主要是本校从事教学科研的教师、在读的本科生、研究生和学校的行政管理人员等。

2. 信息资源需求的专业化

高校智慧图书馆，作为高等院校三大支柱之一。它主要是为高校的教学和科研服务。它与国家和地方的发展战略、经济、科技、法规政策等的制定密切相关，是国家和地方政府的智库之一。与公共图书馆的文化普及、娱乐、消遣休闲的文化功能定位有着显著的差别。它的文献资源保障更侧重于专业化、前沿性。

3. 信息资源需求的个性化

高校是人类精神文明保存、传承、弘扬的重要阵地。高校开设的课程，特别是综合性高校开设的课程，包罗万象，每个老师所讲授的课程和研究的课题，都是不同的。因此，老师需要的文献资源也都各不相同。而每个学生因专业、兴趣爱好不同，其信息资源的需求也是不同的、有差异的。

（二）高校智慧图书馆馆员的转变

为建设好智慧图书馆，除了学校在硬件方面加大投入，购买必要的设备外，更需要紧紧抓住人的因素，为又好又快建设智慧图书馆提供充分、优秀的人力资源。为此，高校图书馆馆员需切实做好以下几个方面的准备工作。

1. 智慧图书馆馆员需转变观念

理念是行动的先导，一定的发展实践都是由一定的发展理念指导的。新发展理念深刻揭示了实现更高质量、更有效率、更加公平、更可持续发展的必由之路。为适应智慧图书馆新时代，图书馆工作人员需要由传统的、封闭的、被动服务的观念转变为现代的、开放的、主动服务的观念。真正地使满足用户的实际需求的理念，不仅仅停留在纸面上，而应进入我们的头脑，无时无刻不想着如何更好地为读者服务。

2. 智慧图书馆馆员需掌握新技能

在智慧图书馆崭新的发展中，图书馆馆员只具备扎实的图书馆专业知识是远远不够的。现代科学技术的发展日新月异。计算机技术、射频识别技术、云计算、人脸识别等新技术源源不断地被运用到图书馆的管理和服务中来。各类智能工具和资源载体已经遍布图书馆内外，不具备数据技能的馆员将寸步难行。图书馆工作人员只有不断学习，熟练地运用好这些技术，才能更加高效地为读者服务。

3. 高校智慧图书馆馆员需要高度重视读者

传统图书馆的读者，只是图书馆服务的对象。几乎与图书馆没有交流互动。而智慧图书馆，需要馆员深入到用户中，充分地挖掘、分析用户的相关数据，随时掌握读者的动态需求。首先，利用大数据，图书馆的日常统计工作中，不仅仅统计读者宏观的进馆的数据，还要对不同时段不同空间的读者分布进行精确统计，以便图书馆阶段性地对馆藏资源进行调整或微调。其次，需要通过收集智能终端、物联网、图书馆手机软件等数据，通过云计算对读者的借阅历史、兴趣爱好、咨询反馈记录等数据进行充分挖掘、整理、分析，对用户建立数据共享平台，能够为高校师生的教学科研提供差异化嵌入式的服务。最后，馆员需对读者进行信息素养教育。对于高校绝大部分学术型研究性读者来说，应对新入校师生通过专业讲座，或借助微博、微信公众号、移动图书馆手机软件等网络媒介推送，让他们尽快熟悉馆内的纸本节献资源、电子资源、数据库及各种资源的检索获取途径，以利于读者方便、高效地利用图书馆资源。充分重视读者的需求，让他们也成为智慧图书馆的建设参与者，使得图书馆、馆员、用户之间协调统一，构成一个和谐有机体。

当前，高校图书馆的发展，机遇与挑战并存。高效、互联、便捷、泛在、可视、智能是高校智慧图书馆发展的必由之路。高校智慧图书馆必须以硬件设施为基础，以读者为中心，以需求为导向，积极拥抱互联网、云计算、大数据技术以及人工智能技术，完善智慧图书馆人力资源建设，增强服务意识，适应新时代、智能性图书馆发展的内在要求，为我国的图书馆事业的改革和发展起到引领和示范作用。

第四节　高校智慧图书馆发展与读者交互式服务

一、泛在知识环境下高校智慧图书馆发展

泛在知识环境下，用户对知识的需求更加多元化。高校图书馆作为高校的三大支柱之一，随着智慧校园进入高校，高校师生对图书馆的知识服务也提出了更高的要求。本节在介绍智慧图书馆内涵的基础上，叙述了智慧图书馆的特点，并提出了泛在知识环境下高校智慧图书馆建设的思考。

近些年来，随着因特网的普及，网络信息技术、数字技术的快速发展，信息资源级数增长，高校图书馆在信息传播和组织方面受到了极大的冲击，传统的信息服务模式已经无法满足用户的需求。我国各大高校为有效整合学校的信息资源，投入了大量的资金建设"数字化校园"，而"智慧校园"则是"数字化校园"发展到一定阶段的产物。所谓"智慧校园"是以物联网技术为基础的数据共享平台，它将各类孤立存在的信息进行加工整理和分类，把学校的各个部门、学院、专业、课程、教师和师生等孤立的个体统一在一个环境内，为师生打造智慧的生活环境和学习环境，提供一个可以共享信息的平台。图书馆作为高校信息资源中心，基本职责是为高校的教学、科研提供信息服务。在知识泛在化的大背

景下，高校图书馆如何适应新的知识环境，提供高效的信息化服务，建立智慧化的图书馆，则值得我们深思。

（一）泛在知识环境与智慧图书馆的内涵

知识泛在化，改变了知识原有的传播、获取与交流的方式，形成了一种新的社会信息环境，即泛在知识环境。泛在化知识环境指的是无处不在的知识学习空间，是指可以满足人们利用身边便利的检索工具随时检索需求信息，进行分析处理应用的情景。泛在知识环境的到来，为图书馆的服务和发展带来了新的机遇与挑战，打破了知识的时空限制，使用户由早期的被动知识接收者和参与者，到现在的主动参与者、内容创造者和体验者，更加注重于信息的主动获取与创造。"智慧图书馆"成为当下图书馆界普遍追求的实现目标，尤其在高校领域。什么是"智慧图书馆"，它是以实体图书馆为平台，以先进的信息技术为支撑，以智慧化设备为手段，以高素质的智慧馆员为纽带。终极目标是实现无人干预的图书馆管理和服务。

（二）泛在知识环境下智慧图书馆的特点

共享化的信息资源。智慧图书馆以实体图书馆为平台，利用物联网、云计算、智慧化设备，将传统的印刷型资源和数字资源整合在一个无缝的信息环境中，构建一个由物理空间和虚拟空间共同构成的，全天候提供信息知识服务的图书馆。不受时间、地点、空间限制。智慧图书馆的信息资源是互联互通，共享的。一方面用户可以利用互联网开展信息服务；另一方面用户可以在不同时间、地点、空间以不同方式开展主题学习，通过多种载体形态和不同形式的工具极大限度地利用图书馆的各类信息资源，最大限度地满足自己的信息需求。智慧图书馆拆除了校与校的围墙，打破了馆与馆的距离，消除了不同规模图书馆之间的资源鸿沟，建立起跨载体、跨部门、跨库网、跨系统的应用集成，实现更大范围的信息资源共享。以此实现信息资源的动态交互，图书馆信息资源共享协同。

个性化的信息服务。"以人为本""以读者为中心"是图书馆的本质理念。在当前泛在信息环境下，用户需求高度多样化，知识泛在化对图书馆的服务提出了更高的要求。读者的个体差异导致其对知识、知识服务方式有不同的需求。用户关注的重点由原来的信息发现转化为自身个性化知识资源的获取。图书馆在其服务建设上必须突出"智慧性"以满足读者的阅读体验和满意度。通过将读者阅读行为的量化，根据读者所处环境、长期的兴趣爱好、读者专业、读者对所需信息特征的描述、评论、浏览等行为，以图像、文本、视频等综合推送方式呈现给读者，建立可长期保存和定期"取出"的读者阅读历史档案，为读者提供随身、随时、随地的信息资源服务，建立个性化的阅读记忆平台。

便利化的信息获取。海纳百川是互联网的信息存储功能的独特表现。信息传播的及时性和便利性，极大地改变了人们的阅读思维方式。泛在知识环境下，计算机和网络普遍存在世界的各个角落，用户通过计算机辅助设备从知识网络中获得所需要的知识，并通过关联的知识网络，全面、系统的了解和掌握知识的交叉、分散、重合，随时随地通过计算机和网络终端来进行学习与生活。智慧图书馆的构建打破了传统图书馆在空间、距离、时间上的局限性。用户不再受时间、地点、空间的限制。可以随时随地检索利用智慧图书馆的信息资源，不再局限于规定的时间、地点、空间使用图书馆信息资源，让用户在使用信息资源的过程中更加的便利化。

（三）泛在知识环境下高校智慧图书馆服务体系的构建途径

构建大数据服务平台，建立高校图书馆智慧墙系统。知识泛在化给信息检索带来了机遇和挑战，电子资源的发现和利用日益成为用户关注的焦点，高校图书馆面临着实现纸质文献与数字资源的复合型图书馆转型。为进一步提升纸质图书管理和服务水平，高校图书馆可以建立智慧墙系统。以大数据为服务平台，开发读者流通系统，建立读者借还书行为分析数据库等后台系统。对收集的后台数据进行挖掘，包括图书借还量、图书馆到馆人次、无线网络登录人数、微信粉丝量、图书借阅排行榜、读者借阅排行、读者积分排行、新书推荐、热门检索词、资源使用情况、读者年龄性别分析、活跃读者占有率等，推送到图书馆大厅智慧墙，通过前端智慧墙实时发布，形成一张高价值的记忆网，分享实时、流动、准确的信息资源服务内容。"玩转"线上线下一体化的智慧互动，通过追踪读者行为偏好和个性化信息需求，全面提升智慧图书馆的服务水平。

采用无线射频识别技术，提升智慧图书馆的软硬件设备。智慧图书馆采用超高频无线射频识别技术，实现自助图书借还、图书三维精准定位、智能盘点等功能的一卡通管理服务。无线射频识别技术包括硬件设备和软件设备。其中硬件设备包括：无线射频识别芯片、无线射频识别层架标、电子侦测门、自助借还机、智慧书架、柜台工作站、无线射频识别盘点车、无线射频识别安全门禁等。软件设备包括：门禁系统、安全管理系统、典藏查询系统、无线射频识别标签初始化转换系统、读者自助借阅及借还系统、馆员工作站应用功能集成系统、顺架及盘点系统。通过采用无线射频识别技术，智慧图书馆可以实现图书的精准定位，不仅可以为读者指明图书的详细架位信息，提高读者查找图书的准确性，也可以提高工作人员图书上架的速度与效率，提升图书馆流通服务效率。通过智慧盘点功能可以对馆藏图书进行统计、归类，降低工作人员的工作强度。与此同时，24 小时自助借还系统大大缩短了在高峰时段图书借还的时间，提高了借还书的效率。

满足师生的个性需求，提供个性化的推送服务。立足于师生的个性需求，将个性化的推送服务嵌入到师生的工作、学习、生活当中，在提供给师生信息服务的同时，要激发师生的主动性，对推送的信息能进行及时的反馈，积极参与到信息的推送服务中来。其具体的做法包括基于联机公共目录检索系统借阅信息服务平台，感知读者的个人阅读信息及检索历史记录。基于读者的个人需求、兴趣爱好、专业需求，推送其感兴趣的馆藏纸质图书信息资源。对采购的新书进行及时通报，让读者及时了解资源的更新情况，减少资源的浪费。定期公布借阅情况，并对热门图书进行推荐。通过电子邮件发送催还通知，让读者及时了解图书借还情况，减少资源的占用率。同时，向读者提供电子图书、期刊及网络免费文献的链接，有针对性的提供个性化服务，减少盲目性。

智慧图书馆尚处于探索和初级应用阶段，需要技术、资源、服务等主要要素的相互促进和统一发展，协同促进智慧图书馆整体水平的提升。虽然国内智慧图书馆建设总体上取得了较大的进步，但是在技术、创新服务操作等方面仍面临着巨大的挑战，尚需共同努力和探索。

二、基于高校智慧图书馆读者交互式服务

近年来智慧图书馆是很多公共图书馆和高校图书馆不断探索和尝试的新模式，也是未来图书馆发展的主要趋势。文章指出高校在尝试发展智慧图书馆的过程中，读者服务、读者体验、读者情感是不可以忽略的主要问题。图书馆需要创造能满足读者与馆员、读者与读者、读者与专家学者之间交互性学习、交流的自由、舒适、愉悦的线上和线下条件。

智慧图书馆时代的到来，高校图书馆逐渐改变传统的服务模式，不断探索和尝试新的服务模式，利用高科技设备、大型存储、高速的网络设备将传统图书馆不断发展为资源互联、高度融合的信息平台。智慧图书馆是以数字化、网络化、智能化的信息技术为基础，以互联、高效、便利为主要特征，以绿色发展和数字惠民为本质追求，是现代图书馆科学发展的理念与实践。发展智慧图书馆在建设图书馆内外软硬件设备，给读者带来互联、高效、便利的服务同时，要充分考虑对读者的交互式服务，包括读者与馆员、读者与读者的交互性学习、交流。在智慧图书馆先进理念的引领下，图书馆通过在馆舍建设的实体环境和互联网移动设备的虚拟环境建设中给读者提供自由、舒适、愉悦、便捷的交互式服务。

（一）传统高校图书馆读者交互式服务的基本模式

简单的实体环境。传统高校图书馆一般给读者提供自修室、阅览室等最基本的学习环境。自修室、阅览室多数都是空间比较大、读者比较多，要求保持安静，读者只能通过阅读获取知识，偶与邻座之间进行简单交流，读者无法在这样的环境中获得自由、愉悦的交互式学习、交流体验。

读者培训、座谈会。高校图书馆每年都会举办各种读者培训、常规培训，如新生入馆教育、图书馆数字资源讲座以及开设信息检索课。除常规培训之外，图书馆会根据读者需求开展有针对性的资源培训，并根据实际需求举办读者座谈会等。开展这些活动，是图书馆与读者面对面交流、学习的重要方式，但是往往这类活动是一种单向式的信息传达，读者多为被动接受，读者可自主参与交流的机会很少。

移动互联网设备。传统高校图书馆配备最基本的计算机和网络设备，读者可利用图书

馆提供的检索机检索图书。检索机一般位于图书馆的各个阅览室，读者遇到问题可以咨询阅览室的图书管理员，这也是读者与图书馆馆员之间最直接的互动式交流方式。高校图书馆基本都有自己的主页，图书馆的通知公告、新闻动态等都会发布在图书馆主页上。读者可利用联机公共目录检索系统查询个人借阅信息、接收图书馆应用服务系统发送的预约到书、图书超期等邮件信息。传统高校图书馆利用移动互联网设备与读者的交互式交流方式过于单一，不能调动读者的积极性。

（二）智慧图书馆时代读者交互式服务新模式

智慧图书馆时代拥有先进的现代化技术和设备，给读者提供极为便捷的服务，读者需要快速、便捷地获取资源，更需要舒适、自由的人与人之间的交流，通过交互式交流获取对知识的深层次理解。满足读者的交互式交流，高校图书可从馆舍空间建设、以读者需求为导向的读者培训、虚拟交流空间建设等方面整合利用图书馆的馆藏资源和网络数字化资源为读者提供新型交互式学习环境。

馆舍空间设计创造舒适性交互学习环境。智慧图书馆时代高校图书馆馆舍空间建设需要突破传统图书馆缺乏互动交流的静态服务格局，充分利用智慧图书馆的先进设备和技术理念，在图书馆内部根据不同的读者类型、读者学习需求开辟单独的实体物理空间，并对通过软、硬件包装设计物理空间，具体表现在以下几个方面。

建设具有艺术性和人文关怀学习讨论区。图书馆建设追求不仅仅是物质标准的硬件与管理服务的软件，更在于创造一种美妙的、引领未来的工作、学习与生活的方式，实现人们对理想工作、学习与生活方式的梦想。图书馆为读者提供的学习区间需充分考虑读者与学习空间的和谐统一，让读者能够身心愉悦的融入阅读空间。每个阅读区域需要根据空间的功能设计软硬件，比如不同藏书室根据馆藏特色设计书架布局、空间色彩等，读者移步不同科室可以有不同的感受；信息空间可以利用音响设备、灯光效果设计营造一种宜人的欢愉气氛。读者体验区配置可移动座椅和多媒体设备满足读者的演示、交流需要；休闲区配置电源插孔、网线、无线网等，方便读者的电脑及移动设备能够顺利接入校园网。智慧图书馆时代的高校图书馆的学习环境应当集阅读、研究、休闲于一体，为读者提供自由、舒适、稳定、亲和的人文环境，以提高读者交互式阅读、学习的效率。

数字资源共享区间交互式体检。智慧图书馆时代读者利用各种形式的阅读终端设备访问馆藏数字资源，图书馆可开辟专门的空间，引进各种供读者现场体验的手机、平板电脑、电脑等设备。在数字资源共享区间，读者之间可体验不同的阅读终端设备，共同参与的读者可以相互讨论、交流不同设备、资源的使用方法、技巧，同时读者可使用自己的随身电子设备访问图书馆的应用、资源，从而能够很好地促进电子资源的推广。

以读者个性化需求为导向的线下培训、交流。读者培训是图书馆进行自我宣传、与读者近距离交流的有效途径。智慧图书馆时代下图书馆需要根据读者的现实需求、学习阶段、所学学科组织多种形式的读者培训，以提升图书馆读者间的交互式交流机会。

利用智慧图书馆先进技术开展交互式培训。随着物联网技术的不断发展，智慧图书馆可以使读者、设备、资源三者之间随时随地互联，通过智能手机、平板电脑、汇文系统、门禁、闸机等感知设备对图书馆的各类资源的利用、读者行为状况等进行深度感知和统计。

图书馆利用这些数据进行大数据分析，可深度挖掘读者需求，根据读者的个性化需求展开各类的读者培训、交流等活动。在充分熟知读者需求的前提下展开的各类合适的培训活动，将极大地提高读者参与活动的热情，收到良好的交互式培训效果。

智慧图书馆模式下，读者培训可以根据培训内容、人员数量选择不同的多功能场所。比如进行移动图书馆使用方法的培训，可以选择多媒体设备体验厅，用不同的设备展示它的使用方式，读者现场体验各类设备、各种使用方式，使用时遇到问题现场提问；对读者进行数据库培训，选择无线网全覆盖的电子阅览室，读者可使用电脑现场操作，同时可以下载手机软件，体验数据库的移动阅读；对于一些提升读者人文素养的讲座，可选择具有高清投影设备的放映室，放映与讲座主题相关的短片，给读者丰富的视觉体验后，培训人员与读者可进行交互式交流、学习。

文献检索课堂师生共同参与资源共享。高校图书馆一般开设文献检索课，是对学生进行信息检索能力培养的重要方式。以通达学院图书馆为例，图书馆开设的文献检索课的授课内容以图书馆的资源为主，通过该课程的学习，能够让学生了解图书馆，更多地利用图书馆资源。通达学院每个班级的检索课是8个学时，课时紧、内容多、传统式的讲课方式学生兴趣度不高，参与度很低。通过对多个班级学生的调查发现，学生希望课堂能够有充分的互动，能够增加自己动手操作的机会。为满足学生需求，教师根据授课的实际情况，课堂充分调动学生的积极性，给学生布置课堂实践内容，让学生课后自己去查找资料、准备演示文稿。课堂上每个小组代表到讲台讲述本小组的主题内容，各组同学充分互动，各小组之间根据台上同学所讲的内容、语言表述等对其进行评分。教师在每个小组讲完之后，进行点评、补充。通过师生共同参与完成课堂内容。

在智慧图书馆的不断发展中，图书馆的智慧设备不断建设完善，文献检索课的教学除了在普通机房，还可以在多功能教室。通过多功能教室电子白板进行移动设备无线传输，小组演示过程中每位成员都可以通过自己的移动设备将资源传输到电子白板，学生可以更为直观的分享自己查找的信息。通过这种师生共同参与课堂学习形式，可以加深学生对授课内容的印象，提高文献信息资源的利用率。

充分发动学生组织开展丰富的读者交流活动。高校图书馆读者成千上万，而图书馆的工作人员人手紧张，特别是负责读者培训的馆员有限，无法全面展开读者培训和交流活动。一般高校图书馆会有自己的学生组织，比如通达学院图书馆的学生组织是一个校级社团，在整个学院的学生中有一定的影响力。图书馆可以充分发挥该学生组织的作用，由图书馆的老师对学生组织成员进行常规培训，然后充分发挥学生组织的作用，让经过培训的学生组织成员主办或者协助图书馆老师举行各种读者培训、读书会、读者影评等活动。而且图书馆学生组织的同学本身就是图书馆的读者，他们比老师更了解身边同学对培训的要求、对不同读书活动的兴趣。有了图书馆学生组织的参与，可以更好地宣传图书馆，增进图书馆与全院读者的联系。

虚拟空间跨越时空的无障碍沟通。智慧图书馆时代，读者阅读方式发生了很大变化，信息需求逐渐走向零散化，表现出实时性、移动性的阅读趋势。图书馆要结合读者的需求，利用各种网络技术平台，开展具有差异性、特色化、个性化的交互式的智慧服务。智慧图书馆要求高校图书馆根据读者的阅读习惯变化改变服务模式。通过网络虚拟平台使读者通过智能手机等移动设备实现实时的信息交流和服务。图书馆需要跨越时空与读者无障碍沟通、交流，让图书馆的信息服务因读者而动，随时解答读者问题。

根据读者的个性化需求，图书馆可以建立在线聊天群、微信群接受读者咨询、发布图书馆信息资源、组织主题交流与讨论，加强互动交流；利用图书馆微信公众号发布图文信息、回答读者咨询、了解读者多方面需求；利用网络微场景制作各类宣传，方便网络发布；同时要有专门馆员维护图书馆虚拟网络空间，及时解答读者咨询、主动提供各种信息服务、创作、编辑读者喜欢的微推送。总之，图书馆要努力建设互动式的虚拟空间服务语境，为读者提供专业化、个性化的微服务。

智慧图书馆是高校图书馆发展的新模式，高校图书馆要充分尊重智慧图书馆时代读者的真实需求，努力创新服务模式和提高服务能力为读者提供良好的环境、便捷的阅读方式。同时智慧图书馆要以读者为本，更加注重给提供读者舒适的交互式交流条件。除了利用智慧图书馆所提供的智慧软硬件设备，高校图书馆自身需要提高全体馆员的综合业务素质，致力于馆员的终身学习，能够利用智慧图书馆的先进技术深度挖掘读者需求，继而开展满足读者需求的读者交互式服务工作。

第六章
高校智慧图书馆阅读推广与探索研究

第一节　绎论大学生阅读的推广与指导分析

一、大学生阅读推广与指导的必要性与重要性

阅读的重要性，来自阅读的力量。阅读推广与指导的必要性与重要性，取决于阅读的重要性。

关于阅读的重要性，人们总是会做出最乐观的估计，一个没有阅读的学校永远不可能有真正的教育，一个书香充盈的城市必然是一座美丽的城市，一个民族的精神境界取决于这个民族的阅读水平，这些论断无疑是不能反驳的。但是，这都只能说明对阅读的正向判断，然而，阅读的正向评价也远不止这些——没有阅读就没有知识文化；没有阅读就没有精神思想；没有阅读就没有写作与对话；没有阅读就没有传承与创造……

改变，从阅读开始。这才是最深刻的命题。阅读不仅能改变人的知识视野，阅读还能改变人的心灵与心智；阅读不但能改变人的生活方式，阅读还能改变人的骨相与气质；阅读不但能改变情怀与品位，阅读还能改变人的世界观与价值观……

当代大学生可以说还是一个个心智并不成熟的成人读者，所以加强阅读的推广与指导当前对他们来说，是尤为重要的。

阅读本质上是一种个性化的体验。不同的读者阅读同一本书籍会有不同的阅读体验与感受，即使是同一个读者在不同年龄段阅读同一本书籍也会产生不同的阅读效应。因此，特别是处于学龄阶段的读者需要的是经过客体细分的具有针对性的个性化阅读指导，需要视界多维的阅读交流，需要适时适地的阅读消化、吸收与释放。

二、阅读推广与指导乃现代高校图书馆的基本功能

现代图书馆作为书籍的藏身之所，乃阅读推广的主阵地，高校图书馆尤其如此。

高校图书馆，为学习与研究之需而设，购书、藏书是有选择和侧重的，购书有学问，藏书讲技巧。所以，我们应该让广大师生有书可读，有好书可精读，有大量的专业书籍方便借阅、可供研读。

　　高校图书馆，为人才培养之需而设，借阅、推广与指导是我们的职责与义务，我们应该想方设法，让所有的人都爱上阅读，这是每一个图书馆人的奋斗目标。

　　然而，尽管当今图书馆界都普遍意识到导读工作的重要性，但在实践中却都停留在普适层面，采取的也大都是新书推荐、借阅排行、阅读征文等形式。这种普适性导读往往因为忽略了个体的能动性与目的性选择而容易造成个体阅读意愿的背离与扭曲，因而遭到不少读者的排拒与摒弃。

　　出书、购书、藏书、借阅，由于其各环节存在着主客观两个方面的倾向性与局限性，这无疑也是对读者的阅读行为所进行的无形的规范与指导，当然从另一个层面上说，也限制了读者的自主选择与自我发展。特别是当浩如烟海的书籍摆在了当代大学生面前，当受网络、影视的图像娱乐所左右的后现代消费时代的年轻人已经不自觉地忽视或放弃书面阅读的时候，现代图书馆特别是大学图书馆，有责任有条件也应该在某种程度上去开展阅读推广服务。

　　理想状态下的人，应该具有阅读一切人类书籍的权力与能力。但是，我们也不主张无选择性、无反思性、无辨别性的超时空无条件的阅读，因为即使是大学生，他们的阅读水平与能力也是渐进的。也就是说，在加大阅读推广的同时，必须加强阅读指导与交流。无论是出于对阅读力量的正向理解还是反向理解，我们都有责任进行合理的引导或指导。

三、如何展开科学合理的大学生阅读指导

　　阅读推广，是广义的阅读指导；阅读指导，是狭义的阅读推广。然而，如何开展科学合理的阅读推广与指导呢？

（一）阅读兴趣与习惯引导

　　阅读是人类特有的生活方式，阅读是心灵与心灵的交流，是人类进行超时空对话的途径与前提。因此，阅读指导最根本的是阅读兴趣与习惯的培养。面对没有良好阅读习惯的大学生那就更是如此，有了良好的阅读兴趣与习惯的培养，就等于铺就了终身发展的康庄大道。

　　嗜书、爱书、藏书、珍书，视书如命，有书必读，无论是个体还是整个民族，都会表现出不同凡响的精神气质与智慧水平。

（二）阅读理念与策略指导

　　阅读作为一种权利，阅读无禁区。这应该是最根本的阅读理念。

阅读无正解。这也应该是开放性的阅读理念。古人云，读书不求甚解。书，是需要一辈子去消化与体悟的，书总是从不会读、读不懂到会读与读懂。书，总是在读不懂时才体现它的价值。所以，养成良好的阅读习惯，在阅读的每本书中，领悟其中的知识和道理。

阅读最忌无思。学而不思则罔，思而不学则殆。培养思考的阅读习惯，既是阅读的基本理念，也是最重要的策略。只有全心思考，阅读才会真正实现人的自我发现、自我构建与自我升华。

可是，现代人独立思考的习惯已经普遍式微：打开电视，我们把思考的权利交给图像与声光；翻开报纸，我们把思考的权利交给撰写者与记者；走进书店，我们又把思考的权利交给排行榜与应考目标；逛进商店，我们再度将思考的权利交给橱窗宣传和时尚流行。生活起居尚且如此，更别说对抽象问题的纯粹思考了。

以人为本，以我为主，才是阅读的本质意义所在。书，始终只是我们的工具、朋友和导师；我们绝不能成为书的工具，要以自我的思维和头脑，去解读书中的道理。

我们必须指导学生处理好学习模仿性阅读、功利实用性阅读、文化审美性阅读与消遣娱乐性阅读四种阅读之间的关系。

（三）阅读需求与内容梳导

人的需求决定了我的需求，我的需求决定了阅读的需求，阅读的需求决定了阅读内容与阅读取向。阅读内容取向无非有两种：一种是专业性阅读；另一种是补偿性阅读。

所谓专业性阅读，就是有明确的功利目标，为寻求特定学科专业与能力发展的阅读。也就是主修人文学科的学生多读人文类经典，主修社会学科的学生多读社会类经典，主修科技的学生，多读自然科学与技术类经典。这是一种正向阅读选择，以求得人在某一学科专业与职业领域的最大发展。

所谓补偿性阅读，即缺什么补什么，缺什么读什么，是人类获得均衡与全面发展的必由之途。这是一种反向阅读选择，也就是说，主修人文学科的学生兼读一些社会类科学类书籍，主修科学技术的学生兼读一些人文社会类的书籍，主修社会学科的学生兼读一些人文与科技类的书籍，以求得知识结构的优化与人格精神的完善。

在读图读网泛滥的当下，承担阅读推广使命的图书馆，一方面应该大力提倡经典阅读。"精英和典籍"作为人类文化的精粹，从来就被赋予了"教化民众、开启心智"的重任。图书馆可调整布局，把分散存放于各个书库的典籍与精品图书整合起来，集中存放于同一地点，设置"经典"书库或"经典"阅览室，使"经典"之门畅通，让读者触手可得，免受寻找之苦。另一方面，大学图书馆可以协调各专业系部，为学生配备"阅读指南"，并根据阅读指南展开有效地流通与借阅。像《阅读指南》之类的导航书，在书目的敲定上，要综合考虑专业学科、人格精神、时代环境、终生发展等方面的问题，可以从三个层面精选书目：一是通识类必读书目；二是专业类必读书目；三是课外参阅书目。而且要确定阅读时机，以备课程教学之所需。

（四）阅读方法与技巧引导

阅读首先是学习模仿性阅读。阅读产生读者，阅读培养读者，阅读掌握阅读方法，阅读摸索阅读技巧，阅读提高阅读能力。

阅读的方法与技巧，实际上就在阅读之中。浏览、粗读、细读、精读、摘读、跳读、朗读、默读……都应该是轻松自如的。

阅读的方法，无非是要"进得去，出得来"。图书馆首先应该指导学生寻找好书。但凡能够伴随、指引我们人生之路的好书，也往往是不太好懂的书。而难懂的书在未读之前是很难引起读者兴趣的，甚至还有点想规避的感觉。所以，读者不应当把阅读的范围始终局限在自己的兴趣与能力程度以内，而应不断提升自己，克服困难，迎难而上，多读与自己意见不合的书，以培练心智，让心灵获得成长。其次要指导学生自由掌握书本，人不能被书本所主导，要带着批判与反思去阅读，有"自己"的存在，不为书所囿。读者既要能沉下心钻进书本吸取精华，更要能放开眼界跳出书本察觉偏见而去其糟粕。文学作品的阅读尤其如此。图书馆要开展多样化的阅读活动，搭建读者沟通平台，如主办各种学术论坛、读书会，专题讲座、主题征文、书评经典等活动，共同分享阅读成果，使每一个阅读个体不仅可以从自己的阅读中获取智慧，还可以从他人的阅读中吸收灵光，思考的习惯也在这丰富多彩的阅读交流活动中逐渐养成。

（五）阅读个性与选择传导

所有的阅读指导，在形式上都是普适的，而在本质上都是个体的与个性化的。因为世界上没有两个完全相同的人，所以"因才施读"，提供个性化导读服务，让学生有完全自主的阅读选择，这是现代高校图书馆的终极使命。

图书馆要提供个性化的阅读指导服务，做好阅读倾向调查。根据调查结果再进行文献资源建设与图书推荐。荐书即荐心，图书推荐既要有共性，更要有个性。如可在图书馆内设置优秀读者荐书栏、教授博士荐书栏，开通网络荐书平台，还可采用择要推荐、依出版社推荐、依作家推荐、热点主题推荐、对比推荐等图书推荐方法，真正做到好书人人读，人人有好书读。根据不同的读者群体特征采取不同的导读策略。专业性阅读与补偿性阅读相配合，人文社科阅读与自然科技阅读相统一，弘扬人文精神与培育科技理性相补充，男性阅读与女性阅读相调和，知识阅读与心灵滋养相契合……刚者柔之，阴者阳之，惰者勤之，懵者醒之，简者繁之，粗者细之，愚者智之……图书馆员应该加强自身学术修养，提高科研能力，指导读者选择文献，启示阅读方法，培育阅读风尚。

现代图书馆作为书籍的藏身之所，阅读的主阵地，有责任和义务提供合理的阅读指导服务。使不爱阅读的人爱上阅读，使不会阅读的人学会阅读，使阅读有困难的人跨越阅读障碍，这是现代图书馆进行阅读推广服务的终极目标。

第二节　高校图书馆阅读推广的应对策略研究

一、高校图书馆阅读推广存在的问题梳理

(一)阅读推广领导小组尚不完善

为了使阅读推广工作常态化，学界关于在高校成立阅读推广委员会的呼声很高，甚至还有学者提出在学校层面成立阅读推广专家委员会，在高校图书馆内设立秘书处并进一步成立阅读推广指导机构，设置阅读推广岗位，同时在各二级学院成立阅读推广工作组的详细构建框架。设想虽美好，可在实际操作中，由于阅读推广并非各二级学院的主要工作，因此大多数高校成立的是由校领导、团委、宣传部、学工处、教务处、图书馆等相关负责人组成的简易阅读推广领导小组。在实践过程中，特别是在学生社团眼中，这样的领导团队说得多、做得少，对活动创意层层审查，大有束缚手脚之感。图书馆也只是迫于获奖证书认可、读者参与活动请假等事务才与校内其他部门产生合作关系，读者也只有在活动开、闭幕仪式上才能见到领导，在活动策划、宣传、执行等方面相关部门并未起到实质性作用，使得阅读推广领导小组仅仅停留在文字层面，流于形式。

(二)未能精准把握读者的阅读需求

以需求为导向的活动才有可能成为读者满意的活动。图书馆可以通过问卷调查、座谈、电话、邮件等多种形式来了解读者的兴趣点和需求点。其中，问卷调查是能精准把握读者需求的一种方法，但因耗时耗力，被图书馆采用的频率并不高。许多图书馆连续多年未开展问卷调查也是不争的事实。通过电话、邮件来了解读者需求的方式也不常用，即使有，在读者中的覆盖面也十分有限。正是因为未能精准把握读者的阅读需求，所以出现了被图书馆看好且连年举办的专家讲座受到了读者的冷落。

(三)活动形式单一，复合度不高

业界学人对116家"211工程"高校图书馆网站主页就阅读推广实践活动信息调查后发现，使用频率较高的前三种活动项目分别是书展、讲座和征文。可是，在读者眼中，这三种活动都在某种程度上存在着形式单一、复合度不高的缺陷。高校图书馆举办的图书展览通常都是针对某一主题选取相关图书在有限的时间内集中向读者展示，如中文新书展、外

文新书展、精品图书展、污损图书展等，读者要做的只是观书、借书或购书，除此以外再无相关活动可参加，展览也仅起到图书推荐或警示教育的作用；常年举办的讲座活动也因正襟危坐的课堂灌输模式而未受到大学生读者的青睐。

（四）传统活动宣传方式边缘化

每一项活动的推出，宣传是第一步。互联网条件下，网页、电子屏、微信、微博、在线聊天群等新媒体宣传方式因传播迅速、操作简便、零成本等优势而备受推崇。传统的海报、宣传单、摆点宣传、下系宣传等方式因成本高、人力多而逐渐被边缘化。特别是摆点宣传、下系宣传、发放宣传单等方式日益淡出图书馆人的视野，却仍然是学生社团主要的活动宣传方式。

在纷繁复杂的信息活动中，极少有读者会对图书馆的每一个活动都一一进行详细了解，他们更倾向于老师、室友、社团成员及朋友等熟人的推荐，通过人际传播途径传播的信息指向性更高，能够产生连带效应。这些都从某种角度反映了传统宣传方式的不可替代性。

（五）活动效果评估单向肤浅

对活动进行评估总结是积累经验、提高阅读推广水平的有效手段。实践中，高校图书馆无论是自己评估还是接受上级评估，常用的方式就是撰写活动总结，呈现的也只是图书馆投入的时间、人力、财力、物力、合作部门等看得见的浅层次数据，读者方面仅涉及读者参与人数，对于需要使用问卷调查、访谈等方式才能收集的深层次读者指标如读书兴趣是否增加、读书时间是否增加、读书数量是否增加、是否增加了新知识等基本没有；评估仅从图书馆角度思考投入问题，漠视读者的阅读变化及产出的评价，这种单向肤浅的评估方式显然不利于活动的改进和提高。

二、高校图书馆阅读推广行动的策略优化

（一）吸纳社团干部加入阅读推广领导团队

健全阅读推广组织机构是高校图书馆阅读推广推进的基本前提。为了促进各项阅读推广活动能够落到实处，并保证活动的连续性传承，高校图书馆在合理利用学校各类资源、调动相关部门积极性的基础上，应该有选择地吸纳社团干部加入阅读推广领导团队，参与高校阅读推广活动的整体策划与部署。其好处有三：一是能让学校及部门领导直接听到读者声音，及时采纳合理意见；二是能够广渠道收集活动反馈资料，为图书馆提供大量的研究数据，从而为整个高校阅读推广工作的方针制定提供真实有效的参考依据；三是能够畅通学生社团建言献策的渠道，激发其致力于图书馆阅读推广的热情，并能使各项活动以学生喜欢的方式落地生根，也使得阅读推广领导团队既具有领导力，又富有执行力。

（二）分项目采用学生社团责任制开展阅读推广活动

与学生社团合作开展阅读推广活动能够有效弥补图书馆人力不足的缺陷。许多高校图书馆为此成立了自己的社团组织，如南京某大学图书馆成立读者协会，共同开展图书漂流、读者沙龙等活动；天津某大学图书馆成立知学读书会，举办读书知识竞赛、读书征文、名人访谈等活动。实践中，形式多样的阅读活动单靠一个社团的力量显得有点儿力不从心。因此，高校图书馆应该分项目采用学生社团责任制开展阅读推广活动，将每一个活动作为一个项目，委托合适的学生社团负责全面运转，并将其作为社团的特色活动进行传承，以免受社团负责人换届影响；还可采用多社团联合责任制开展高复合度的大型活动项目；图书馆承担活动指导、资源保障、场地与资金支持以及社团之间的沟通协调等工作。如讲座类项目委托研究会、创新社等学术性社团负责运转；书签设计、阅读摄影大赛、书画比赛等项目交由广告协会、摄影协会、书画协会等艺术类社团负责组织；演讲、辩论、百科知识竞赛、真人图书馆等活动由社会实践类社团承办；以征文为核心复合名著阅读、电影欣赏的名著鉴赏活动可以交由文学类社团与电影类社团联合运营。

由于社团成员来自学校各院系，十分清楚不同专业读者在不同时间段内的阅读需求，分项目的学生社团责任制能够充分发挥大学生的创造力，打破陈规旧习，优化决策，提高活动的复合度、参与度与指向性，从而使得讲座、征文、展览、竞赛等传统活动焕发出新的生机，实现可持续发展。

（三）提升改造社团活动，打造阅读推广品牌

大学校园内不仅社团林立，社团活动也精彩纷呈。一年一度的社团会员招新、社团联谊会、新年游乐会、优秀社团评选等活动充分调动了学生社团之间的竞争力，推动着社团工作的高效有序运转。一些高校甚至明确规定了优秀社团每年开展常规活动与特色活动的次数，还有不少社团主动向图书馆推荐自己的特色活动，希望获得提升改造的机会和力量。高校图书馆应该以此为契机，因势利导，在社团活动中适时加入"图书馆"元素，为其提供活动场地，给予经费支持，提出活动改进意见，拓展活动对象，扩大活动规模，既提升社团活动的品位，又丰富高校图书馆阅读推广的内容与形式，达到双赢的效果。如可与大学生心理协会合作开展阅读治疗实验，与演讲与口才协会共同举办演讲、辩论、主持等赛事，与爱心社合作开展支农、支教、扫盲活动，与环境保护协会合作举办环保达人行为艺术展等。只要参与得当，指导得力，高校图书馆的阅读推广工作就能依托社团活动推陈出新，走出校园，走向社会，持续开展，很有可能发展成为区域阅读推广品牌。

（四）注重社团业绩评估，建立阅读推广激励机制

吸纳学生社团参与读书月活动逐渐成为高校图书馆的共识。如湖南某大学图书馆挑选

了 14 个学生社团主办或协办读书月系列活动，浙江某大学图书馆选择了 8 个学生社团参与图书馆的各项阅读推广活动。承办活动的社团多了，对社团业绩进行评估、建立阅读推广激励机制就显得格外重要。业绩评估应该包括两个方面：一方面，在图书馆的指导下，要求学生社团分阶段对活动本身进行全程评估。如反查活动前期是否采用书面调查、走访、咨询等方式全面征求读者意见、了解读者需求，活动宣传是否到位，宣传方式是否有效等问题；活动中期考察时间安排是否合理、活动过程是否有序、活动内容是否充实、活动设施是否齐全、活动场地是否适宜等事项；活动后期侧重成本—效益评估。成本评估体现在活动开支是否控制得当、是否符合活动预算、人均活动成本是否合理，是否还有可以节省的费用等方面；效益评估可以采用问卷调查的方式，通过对活动实施前后的收益比较，就读书兴趣、读书时间、读书数量、到馆时间、知识增长、能力培养等深层次读者指标对活动进行定量分析，通过访谈、留言簿等形式收集读者评价，对活动进行定性分析。另一方面，图书馆对承办活动的社团进行工作绩效评估。考核材料包括活动策划书、宣传资料、活动次数与参与人数、活动现场照片、反馈问卷调查、新闻报道质量等多个层面。为了保证评估结果的客观公正，每场活动应该安排至少一名图书馆老师全程参与。每年从承办活动的众多社团中，评选出 3~5 个社团，授予阅读推广突出贡献奖，颁发奖金和校级荣誉证书，参与校级优秀社团评选加分。这样既能保证图书馆阅读推广的效果，又能促进社团的发展和壮大。

（五）加强社团自身建设，培育阅读推广主体

社团自身建设是社团持续繁荣的基石。运行良好的社团应该拥有清晰的团队目标、健全的规章制度、反应灵敏的内部网络组织与多样化的会员结构。作为一个生存于大学校园内的学生社团，其近期发展目标应该是跻身校级优秀社团行列，远期发展目标是向省级、国家级优秀社团进军。目标明确后，全体社团成员围绕着共同的目标协同开展工作。为了避免工作的随意性、增加工作的规范性，应该建立健全社团规章制度，包括考勤制度、会议制度、财务制度、奖罚制度等。在社团内部构建网络型组织，根据工作需要将社团成员按兴趣特长划分为活动策划部、网络信息部、对外联络部、创业实践部、秘书部等部门；实行扁平化管理，即各部门在分工合作的基础上，允许社团成员身兼二职，如活动策划部成员可以根据自己的能力在其他任何一个部门兼职，或者为了完成某一特定任务由各部门抽调人员临时组成一个项目小组。适当的岗位交叉与融合，可以避免因岗位与任务的单一产生工作疲劳和厌倦，保证社团的稳定性。为了保持社团开拓创新的活力，人才队伍建设是关键。为此，社团干部应该做好三方面的工作，一是社团招新时，要深入到学校各个院系，有意识地招募一些有专业特长的学生，以保证社团成员的多样性；二是加强会员培训，要让每一个新会员知晓社团的各项规章制度，了解社团的常规活动和特色活动，清楚

社团的奋斗目标并愿意为达到目标付出自己的最大努力；三是积极寻求外援，提高活动质量。如与校内其他社团合作开展大型活动，邀请专业老师担任活动指导，通过活动锤炼会员的社会实践能力，提高社团的影响力与知名度。全民阅读环境下，高校学生社团尤其要争取图书馆的支持，主动承办与社团性质相符的读书活动；拓展思维，与图书馆协同进行技术创新，如一同开发学风指数系统、服务质量评价系统、自习室信息管理系统等，充当图书馆的智囊团，自觉承担读者与图书馆沟通的桥梁。图书馆也要加强对社团的指导和帮助，为更广泛的学生提供更多的工作岗位和实践机会，有意识地把学生社团培育成为大学校园内一个不可或缺的阅读推广主体，使其获得发展的动力和空间。

在阅读推广日益成为图书馆主流服务的当下，要想提供多样化、个性化、创新性的品牌阅读服务，仅靠图书馆员的力量显然捉襟见肘，采用合作方式开展阅读活动是一种经济又理想的方案。实践中，无论是馆际合作、馆社（社会组织）合作、馆院（二级学院）合作还是馆部（学校相关部门）合作，活动中都离不开学生社团的身影，他们在活动策划、宣传、过程控制、读者调研、活动评估等具体事务上都发挥着重要作用。尽管当前高校图书馆开展了一系列丰富多彩的阅读推广实践活动，也取得了许多成绩，但其中也存在诸多问题。在学生社团眼中，这些问题会有不一样的解读。找准问题，并采取相应的策略来推进高校图书馆的阅读推广工作，将会收到不一样的推广效果。

第三节　电视媒体创意在阅读推广中的尝试应用

一、"创新扩散理论"架起对接应用的桥梁

（一）创新扩散理论的主要内容

创新就是被采用的个人或团体视为全新的一个方法，或者一次实践，或者一个物体。从扩散的角度看，创新发明具有五个主要特征：第一，相对优势，与旧事物相比，新事物表现出多方面的优越性，可用经济因素、社会声望、便利性、满意度来评价；第二，相容性，即新事物与接受者的价值观、以往的经验和现实需要相符合的程度；第三，复杂性，即新事物被理解和使用时的难易程度；第四，可试验性，即新事物被实验的可能性；第五，可观察性，即新事物的效果应能被观察。这五种特征也就是影响创新扩散的五个主要因素。如果接受者认为某种新事物具有很大的相对优势，相容性好，可试性高，并不复杂，可以观察，那么这种新事物扩散的速度将比其他创新要快。

（二）高校阅读推广领域接受创新扩散的影响因素分析

根据创新扩散理论，我们将相关创新类精品电视节目的运作形式视为新事物，将高校的阅读推广领域作为创新的扩散领域，将高校图书馆及阅读推广馆员作为创新扩散的接受者，以便对精品电视节目与高校阅读推广活动的关联性进行分析。

该创新类节目依托电视传播媒介，在广告收益的支撑下，可以调动全国的优质资源，运用发达的视听技术与专业的传播策略来吸引公众观读，而这一点却是任何一所大学的任何一项阅读推广活动都无法企及的。因此，这类节目与高校的真人图书馆、名著电影欣赏、校园成语大赛等阅读推广活动相比，具有明显的相对优势。同时，该节目以高度的社会责任试图引导广大受众走出当下浮躁、浅薄、低俗的节目污染，为青少年与青年的成长发展提供智力支持与精神动力，从而与图书馆的阅读推广活动具有了良好的相容性，也使得两者在理论层面走向了殊途同归。此外，观众通过收看节目了解其运作形式，通过调查收视率知晓其传播效果，让这类型节目在高校阅读推广领域具备了创新扩散的可试验性与可观察性，也大大降低了效仿的复杂性，因而容易被阅读推广馆员采纳实践。

二、精品电视节目形式在阅读推广中的应用实践

（一）节目运作形式应用于"真人图书馆"

某创新类节目以青年为目标受众，通过分享演讲嘉宾的人生经验与生活感悟，向受众传递积极向上、健康乐观、勇于拼搏、敢于挑战的生活正能量，恰与国内真人图书馆的活动理念不谋而合。在图书馆人的眼中，此类型节目就是一场真人图书馆活动。尽管制作方在制作此节目时是否有此灵感我们不得而知，然而一位因撰写硕士论文而全程收看此节目的学子感言同样印证了这一点：节目开场后，同学们安静坐好，像极了大学校园里准备洗耳恭听学术报告会的场景。因此，"真人图书馆"可以在以下两个方面向相关类型精品电视节目学习。

1. 分环节控制时间

以某款精品节目为例，每期节目时长约为 45 分钟，分成嘉宾主题演讲、观众提问交流两个环节进行，两环节时长之比约为 20：25，微偏重于互动交流环节。真人图书馆可以采用该节目"分环节控制时间"的方式开展活动。无论是精英版还是普通版的真人图书馆，活动前都可与真人图书达成共识：主题讲述没有必要面面俱到，互动问答同样可以传播信息；讲述毕竟不是照本宣科，讲述时间越长，语言重复度就越高，可听性就会下降，也就越容易引起读者疲劳。湖南某学院的真人图书馆规定：真人图书必须根据主题精选内容进

行讲述，经历丰富的真人书每期只邀请1本，经历欠丰富的真人书每期可以邀请多本，活动总时长一般为60~90分钟，总体讲述时长与互动交流时长之比约为1∶1，主题讲述时间到，主持人会提醒真人图书尽快结束个人讲述。目前，该活动已开展15期，在校内已具有一定的知名度，活动形式及理念得到了参与读者的广泛认可，先后荣获2016年中国高校图书馆发展论坛优秀案例二等奖，2016年湖南省普通高校阅读推广活动"创新案例奖"，走上了可持续的品牌化发展轨道。

2. 编辑嘉宾语录

此类节目以"嘉宾演讲、共同分享"的形式，将课堂与电视、演讲与传播、享受与思考有机结合起来，并敏锐捕捉演讲嘉宾的思想之花，用字幕的形式适时出现在显示屏上，就像是课堂中的重点、归纳与总结。这些由名人阅历所带来的营养和思考，引领着当下的年轻人走出困境，走上通往梦想的道路。

可是，这样的好声音不一定非得出自名家之口，在高校的真人图书馆中，同样有着智慧的火花在闪耀。湖南某学院邀请的真人图书大都是名不见经传的学生与年轻老师，尽管他们的人生经历与社会阅历还欠丰富，然而他们都用自己的亲身体验诠释了许多看似简单的道理，并用朴素的语言娓娓道来，丝毫也不亚于名人语录。如："我无法选择自己的出身，但只要我现在比别人努力一点，将来我就有可能比别人过得好一点""即使没有任何收获的指望，也要心平气和地耕种，我一直觉得好事能让人感到幸福，但坏事能使人变得强大，因此我们要做一个智者，遇好事坏事都能提高自己""无论生活多么艰苦，人都要保持一颗高贵的灵魂，坚持做自己，做最好的自己""越是条件好的时候，吃苦越有价值，遇到困难，多想想事情美好的一面，保持一颗积极向上的心才最重要"。如此熠熠生辉的思想与智慧，因为缺少隐性知识的转移记录而局限在真人图书馆活动现场的一次性分享。为此，真人图书馆可以借鉴这类优秀的电视节目，编辑真人图书馆语录。将活动现场全程录音，活动后对录音材料进行二次加工，将真人图书智慧、双向互动撞击出的思想火花提炼成文字材料，附于新闻报道后，供更多不在场的读者阅读。当活动积累到一定期数，便可编辑成真人图书馆语录气装订成册甚至出版成书，从而实现隐性知识的共享与重复利用。

（二）运作形式应用于"文学名著电影欣赏节"

电影综合类栏目，旨在通过对经典影片的包装、宣传和赏析，为观众提供多层次、多方位的电影文化和观看体验。尽管电影欣赏活动在当下高校已十分常见，却仅仅停留于纯娱乐阶段，缺少有组织的互动交流，观众真正的收获并不大。因此，高校图书馆可以吸收这类节目创意，开展"文学名著电影欣赏节"活动。

1. 将电影欣赏与名著阅读相结合

"阅读名著，就是向大师学习"，此道理大学生人人都懂。然而，名著却因人物太多、描写抽象、缺乏故事情节、厚如砖头等自身缺陷而被大学生读者自觉或不自觉地规避。相反，由文学名著改编的电影却受到了大学生的青睐。因此，文学名著完全可以借助电影的先天传播优势来增加自身被人阅读的机会。正是基于这样的理念，武汉某大学图书馆开展的"珞珈阅读广场"活动特设"影像阅读"子活动，试图通过"阅读电影"来推动"名著阅读"。湖南某学院图书馆举办的"文学名著电影欣赏节"，活动期间，精选4部文学名著电影，集中于两周内的周五、周六晚上播出，并学习此类节目构架，每场电影设立活动主持人，邀请教授文学与影视欣赏课程的老师担任点评嘉宾，点评老师与主持人共同组织观影前的导视与观影后的讨论。观众还可参与现场抽奖，赢取图书馆提供的电影同名小说，也可现场办理名著借阅手续。此活动已连续举办两届，在提高观众名著品鉴能力的同时，有力地促进了馆藏资源的利用。

2. 将电影欣赏与文学写作相结合

此类电影综合栏目，常常邀请知名的影评人与媒体人作为嘉宾，与现场的几十位观众一起解读影片主题带来的思考。"文学名著电影欣赏节"除了在电影播放现场组织讨论外，还可将栏目中的"电影评说"以"影评书评有奖征文"的形式付诸实践。读者可以围绕观看的电影、阅读的名著撰写读书心得，参与活动。尽管当下征文是高校图书馆常常开展的活动，却因形式单一，读者参与的积极性并不高。相比而言，若能将读名著、观电影、写心得三者有机结合，在提高活动复合度的同时，又能扩大活动的参与面。

（三）运作形式应用于"校园成语大赛"

意识到键盘时代对传统汉字书写的冲击，创新一档文化益智类节目，用"猜词比赛"的方式，让以往严肃正经的成语学习变得趣味十足，也让家长和孩子们心甘情愿地蹲守在电视机前，自觉接受传统文化的熏陶。虽然该节目形态被使用时的复杂性较高，但是因其具备可观察性与良好的相容性而易被高校图书馆借鉴应用。

1. 采用团队运作机制

这种原创形态的电视节目采用团队运作机制，由专业公司为电视台量身定制。校园成语大赛麻雀虽小，却也五脏俱全，同样需要组建综合素质较高的运作团队。实践中，采用合作方式开展活动是一种经济又理想的方案。如衢州某学院的成语大赛由校团委主办、校学生会承办，闽江某学院的成语大赛由图书馆与学工部联合主办、自律会与读者协会共同承办，湖南某学院的成语大赛由图书馆与读者俱乐部联合举办。图书馆提供场地与经费，邀请点评嘉宾，进行活动指导与协调；学生社团负责活动宣传、监考、阅卷、场地布置、主持人选拔、摄像、新闻报道、问卷调查等具体事务；并成立了由副馆长、馆员及3位社团干部组成的5人运作团队。在活动准备阶段，以此类电视节目内容为范本，团队成员共同观看节目，并做了详细的观读记录，商讨活动的整体框架，抓住"出题"与"主持"两个关键环节，在社团内部临时成立了两个与之相应的小组。

2. 效仿节目制作形态

此类型电视节目将中国文化的传统精髓与民间流行的猜词竞技有机融合，节目的制作形态可以概括为限时、描述、猜词和点评四个关键词。"限时"制造紧张刺激，"描述"产生情境画面，"猜词"带来趣味和悬疑，"点评"明确来龙去脉，使得节目犹如探案一样扣人心弦。校园成语大赛可以效仿此类型电视节目设立目标计时猜词、双音节同题猜词、单词限猜、限时竞猜等环节，以营造特定的比赛氛围；也可邀请校内教学经验丰富、口碑良好、学养深厚的专业老师担任点评嘉宾，以呈现比赛的专业性和学术性。此外，校园成语大赛在接受创新扩散的同时，还可以根据各自的校情和馆情进行合理创新。如南开大学的成语大赛在初赛中设计了成语作文题，让参赛者谈谈对俗语"得饶人处且饶人"和"纵虎归山，后患无穷"的看法，以考察选手综合运用成语知识的能力；重庆文理学院的成语大赛在决赛中设计了"成语演讲"环节，以成语为素材，以演讲的方式传播成语文化；湖南某学院的成语大赛初赛不仅采用成语重点字填空、成语运用正确判断、根据释义写成语、成语接龙等常规题型，还创造性地设计了补充八字成语的前半句或后半句，写出给定成语的反义成语等题型，以全面考查选手的成语书写能力、运用能力以及成语掌握的广度和深度，进而凸显校园成语大赛的知识性和趣味性。

三、创意节目在阅读推广应用中的多维启示

（一）收集电视节目创意，创新阅读推广活动

电子传播时代，媒介竞争日趋激烈。为了在竞争中立于不败之地，近年来，电视人更新观念，大胆探索，推出了许多全新的电视节目。全民阅读时代，好的阅读推广活动同样需要阅读推广人构思好的创意。因此，高校阅读推广馆员可以从丰富多彩的电视节目中吸收灵感，除了将此类电视节目的创意应用于高校的真人图书馆、名著电影欣赏与校园成语大赛外，还可将相容性好、相对优势明显的节目运作形式扩散到高校的阅读推广活动中。如可将语言竞技类节目中"有效的说、积极的听、适度的演"的节目样态引入校园演讲比赛中，一改以往"表演+说教"的演讲模式，将演讲舞台打造成为一个"多功能的表达平台"，让所有有故事、有经历、能说话的人都能体验到演讲的乐趣；也可学习生活服务知识类节目"守擂、攻擂"的答题模式，开展校园知识竞赛活动，以满足大学生的竞争心理与交友需求。在每一个人都是电视观众的当下，阅读推广馆员若能保持高度的创新敏感性，从观众满意的电视节目中收集创意并植入高校的阅读推广活动，就能有效解决诸如推广活动单调、用户体验不足、缺乏创新与整体规划等问题，进而开辟高校图书馆阅读推广新局面。

（二）导入项目合作机制，打造校园阅读品牌

每一档电视节目都可以视为一个项目，节目都是采用与专业公司合作的项目机制，通过创新节目样态、彰显节目个性来满足受众需求，从而成就其"精品"的特性。同样，高校图书馆可以将每一个阅读推广活动视为一个阅读推广项目，并采用与学生社团合作的方式，构建项目组织，实行项目管理，以弥补图书馆人力不足的缺陷。如上海某大学图书馆

首创的"鲜悦真人图书馆"项目，实行图书馆指导下的学生社团责任制，由图书馆学生管理委员会全面负责项目运营，使得"鲜悦"获得了很好的传承，已发展成为国内真人图书馆的一面旗帜。湖南某大学图书馆主办的读书月活动，将各项子活动单列，以"竞标"的方式让各社团分头或联合承办，使得"读书月"已成为该馆的一大活动品牌，并被其他高校图书馆学习推广，产生了良好的社会效应。湖南某学院图书馆也为一些大型阅读推广活动组建了项目运作团队，如真人图书馆项目由大学生科技协会全面运营，文学名著电影欣赏节由电影协会与四大文学社团共同管理，"一校一书"共读活动由读者俱乐部负责实施，使得这三个阅读项目逐渐发展成为该校的三个阅读品牌。

（三）重视活动主持，确保项目水准

主持人不仅活跃在电视荧屏上，在图书馆组织的各种仪式、讲座、竞赛类活动中也能看到主持人的身影。他们在特定的节目与活动情景中，以直接平等的交流方式主导并推动着节目和活动进程，体现节目和活动的意图。为此，主持人的风格气质必须与节目的定位相吻合。高校图书馆的阅读推广活动如真人图书馆、文学名著电影欣赏节、校园成语大赛、经典阅读知识竞赛等，也都需要出色的活动主持人。实践中，由于这些活动大都与学生社团共同举办，本着鼓励引导、大胆放手、锻炼社团的原则，主持人选拔基本局限在社团内部，阅读推广馆员并未介入主持人选拔过程，使得推选出的主持人只具备了外在形象良好、普通话标准、喜爱主持等基本条件，忽略了对专业技能与知识素养的考量，进而影响了活动现场的运行质量。因此，在面向全校举行的大型阅读推广活动中，主持人的选拔可以跳出社团范围，采用招募或邀请的方式，尽可能聘用主持经验丰富的学生担任，以确保活动的高水准。

（四）强化用户体验，提高活动黏性

在信息传播过程中，受众兼具信息接收者、媒介使用参与者和信息反馈者三重身份，他们的权利和作用也越来越得到媒介的重视和满足。电视媒介更是坚持受众本位的传播模式，融入互动传播理念，无论是节目形态构成，还是表现手段选择，都在努力营造参与的情境。高校图书馆开展的阅读推广活动，虽然在人力、物力、财力和技术上都没法与电视节目相提并论，却仍然可以使用一些传统手段来强化用户体验。如在真人图书馆中，将嘉宾座位设置在听众中间，让真人图书与读者平起平坐，以营造平等、亲切、友好的交流氛围；在文学名著电影欣赏节中，不仅可以邀请专业老师与现场观众共谈观影感受，还可让读者以写作征文的方式参与互动；在校园成语大赛现场，设置幸运观众奖，将参赛选手未答对的题目交给观众回答，并给答对者赠送礼品，也可邀请观众对选手表现发表意见。通过观众提问、观众答题、观众点评、观众获奖等方式，让观众获得深度体验，从而提高活动的看点和黏性。

（五）注重活动评估，提升阅读推广水平

对电视节目进行评估的最好方式莫过于收视率的调查。为了提高收视率、占领受众市场，节目制作方大都会进行广泛的需求调查。因此，高校图书馆开展的阅读推广活动，应该分阶段进行内部评估和外部评估。内部评估是指图书馆成立专门的评价人员或小组，对推广活动的需求、过程和影响进行评估。如在活动开始前采用书面调查、专业咨询和同行对照等方法了解用户需求，以明确图书馆服务和读者期望之间的差距；活动实施后，对活动方案、实施过程、活动成本进行有针对性的评估，以检查活动是否达到了预定的目标和期望的效果；活动结束一段时间后，总结评估活动对图书馆资源利用、服务促进、馆员工作量所产生的影响，以确定该活动是否能够持续开展。外部评估是指以读者或专家组织为主体对阅读推广活动进行评价。外部专家可以通过亲自考察和核实评估材料的方式来发现活动的优势和不足之处；读者可以通过现场发言、参与讨论、留言、网上评价等方式对活动感受进行直观评价，图书馆也可采用访谈、设立留言簿、问卷调查等方法收集读者评价，从而达到吸取经验、找出差距、改进工作的目的。这种全方位多角度的活动评估，既能提高图书馆的阅读推广水平，又能促进社团业务素质的发展。

在电视传媒业高度发达的当下，一些人文气息浓厚的精品电视节目为高校图书馆的阅读推广工作带来了许多有益启示。高校阅读推广人在关注这些人气节目的同时，拓展思维，将一些相容性好，相对优势明显、复杂性适当的节目运作形式扩散到高校的阅读推广领域，并结合各自的校情和馆情，创造性地开展阅读推广活动，从而为高校图书馆的服务创新探索一条新路径。

第四节　基于协同阅读推广体系的双向思考探索

当前，"全民阅读"得到了图书馆界、出版界、企业和民间组织的一致响应。公共图书馆作为全民阅读的重要推动者，打造了一系列阅读推广活动品牌，如深圳读书月、三湘读书月、东莞读书节、上图讲坛、真人图书阅读等活动，因公众参与面广、定期持续举行而收到了良好的社会效益。相比之下，高校图书馆的阅读推广活动缺乏系统性和常规性，在声势、规模、影响、效果等方面远不及一些省市公共图书馆。鉴于此，湖南省高校图工委于2013年开始组织全省高校图书馆开展协同背景下的"一校一书——经典、精读、经世"阅读推广活动。本节将就这种协同背景下的阅读推广体系作出正反两方面的思考，并提出改进的策略，以求扬长避短之功效。

一、"一校一书"阅读推广活动之概述

湖南省普通高校图书馆"一校一书——经典、精读、经世"阅读活动由湖南省有关部门和中国图书馆学会阅读推广委员会指导，湖南省高等学校图书情报工作委员会组织，活动覆盖全省 37 所普通高等学校近 70 万师生，计划每年开展一次，试图打造具有持续影响力的区域性高校图书馆阅读推广品牌，与以湖南公共图书馆为主推力的"三湘读书月"活动遥相呼应，共同弘扬湖湘文化、促进"书香湖南"建设。活动分四个阶段进行：①好书推荐与精读图书产生阶段。每年 4 月，湖南省高校图工委给各高校下发"一校一书"阅读推广活动通知，各高校根据通知要求制订本校的阅读推广活动方案；采用读者投票、馆长推荐、教授推荐等方式，产生一种图书作为全校师生本年度的精读图书。②精读与互动阶段。每年 5 月至 9 月，各高校围绕精读图书酌情开展系列活动，如图书宣传、学术演讲、作者访谈、读书讨论会、读书心得有奖征文等。③读书心得网上评选阶段。为了鼓励读者精细阅读指定图书，各高校图书馆都开展读书心得有奖征文活动。9 月下旬，各高校将评选出的优秀读书心得按比例送交高校图工委参与全省网上交流评价。高校图工委将读书心得编号挂网，于 10 月初开通网上投票系统，投票时间于 11 月 30 日截止，届时投票系统关闭。④统计与表彰阶段。12 月上旬各校撰写活动总结，将有关材料报湖南省高校图工委秘书处并申报相关奖项，秘书处统计投票结果，组织专家进行申报奖项评选，在馆长年会上颁发奖励。

二、"一校一书"阅读推广活动的正向思考

（一）"一校一书"阅读活动是共同阅读的一种有效组织形式

根据在阅读一本书过程中参与的人数多少，可以把阅读分为个别阅读和共同阅读。长期以来，传统的应试教育着重培养了学生个别阅读的习惯，学生无形中认为读书是个人的事，与别人无关，也就不会主动与同学交流分享自己的阅读心得，常常是一个人在战斗，走入社会，自然就缺乏与人合作的意识和能力。然而，尽管现代社会物质高度丰富、科技不断进步，可人与人之间的关系不仅没有靠拢，反而更加疏远了，而人们的情感需求在钢筋、水泥、手机、电脑的映衬下显得更加迫切。共同阅读正好顺应了这种时代发展的要求，已逐渐成为当代生活的一种主要方式。"一校一书"阅读活动正是共同阅读的一种有效组织形式，大家同阅一本书，读者不仅可以从个人的阅读中汲取营养，还可以从他人的阅读中吸收灵光，从而使得群体的精神生活空间更加丰盈。

（二）"一校一书"阅读活动是经典阅读的一个良好契机

阅读经典就是向"大师"学习，此道理对于具有一定知识素养的大学生来说，几乎人人

都懂。可是，经常阅读人文社会科学典籍和学术类著作、期刊的大学生不足三成。那么，为什么大学生在阅读过程中会自觉或不自觉地规避经典呢？究其原因，除了经典本身因人物太多、人名太长、描写抽象、缺乏故事情节、厚如砖头等自身原因而给读者造成晦涩难读以外，在传播技术失控的时代，"快节奏、碎片化的生活方式使得人们很难静下心来读书"恐怕是另一重要主观因素。尽管不少阅读爱好者推荐了"睡前强迫法""慢读法"等阅读经典的"良方"，但这都是"一个人在战斗"，需要每一位读者具有强大的自我执行力才能完成。而"一校一书"阅读活动刚好弥补了这种"独学而无友，则孤陋而寡闻"的个别阅读缺陷。大家同读一本经典，相互询问阅读进度、交流阅读感受、克服阅读困难，阅读就在这种相互勉励中持续进行，变"难以下咽"的经典为"甘之如饴"的经典。

（三）"一校一书"阅读活动是深层阅读的一个重要推力

当下，大学生"一人一手机、一人一电脑"已成现实。手机、电脑等网络终端的普及在开阔人们视野的同时，也使得以快餐式、跳跃性、碎片化为特征的浅层阅读正在迅速取代深层阅读。校园里随处可见的"低头族"，让人们十分忧心这种流于浅表、走马观花式的阅读，如果长此以往，很难说不会对大学生造成视力低下、性格孤僻、思维退化等身体与心理障碍。在此背景下开展的"一校一书"阅读活动，以撰写"读书心得"为任务，所谓"压力就是动力"，这种带着明确任务的稍具强迫性的阅读活动，有力地推动着大学生自觉进行深层阅读。如有读者坦言：曾三次想读《谁的青春不迷茫》一书，第一次是在读书网站的编辑推荐下买下了此书，却只大概地翻了一下，就丢在一旁。第二次听说该书作者刘同要来所读大学演讲，想拿起书好好温习一下，可终究刘同的名气敌不过自己的懒气，演讲没去，书也没看全。第三次是在"一校一书"阅读活动的推动下，不仅深入阅读了全书，还写出优秀的读书心得在全省传阅。

（四）"一校一书"阅读活动是协同推广阅读的一种有益尝试

随着阅读推广工作的持续深入开展，高校图书馆已经意识到单靠图书馆的力量来进行阅读推广不仅费时费力，而且收效十分有限。要想取得好的效果，必须建立多方位、多层次、多形式的阅读推广体系。因此，高校图书馆纷纷与校内各部门合作，共同开展阅读活动。如与各教学系部合作，将阅读教育纳入系部课程设置与教学评价体系中；与学生社团合作，有选择地吸收并培育学生社团致力于图书馆的阅读推广活动。无论是馆系合作还是馆社（指学生社团）合作，都囿于学校内部，同区域高校之间协同推广阅读的案例还不多见。"一校一书"阅读活动是在省级高校图工委的统一领导下，同一时间、同一形式、同一评价机制、不同地点开展的共同阅读活动，在活动规模、活动影响、活动收益上成效显著，是区域性图书馆协同推广阅读的一种有益尝试。

三、"一校一书"阅读推广活动的反向思考

（一）"一校一书"阅读活动限制了读者的阅读选择权

对阅读的介入是阅读推广的前提。权威又强势的阅读推广一定伴随着过度干预的成分。"一校一书"，这种"万人共读一本书"的活动首要的缺陷是限制了读者的阅读选择权。尽管精读图书是在读者投票、馆长推荐与教授推荐下产生的，但是最终的取舍原则要么是"少数服从多数"，要么是"多数服从少数"。无论遵循哪一条原则，都有相当一部分读者的阅读选择权被剥夺。也许有人会说，你可以选择不参与。可是阅读推广的目的不就是要吸引读者广泛参与吗？况且在"撰写读书心得"这项作业的支配下，许多学生只好被迫服从，但他们的不满之意在读后感中表露无遗。有读者真实地描述了自己为了撰写读书心得而阅读的感受："发现当自己为了得到某些感触而去读书时，往往适得其反，因为想要写出文章，埋头苦读，在阅读过程中的着急，让我更深刻地体会到急于求成行不通，却又不敢让自己慢下来去读，总感觉时光走得太快，于是越着急越慢，以至于什么都做不好。"更有读者介绍了撰写评论的"快马加鞭"法："在电子文本中点开目录，随便翻一下，就开始在网上看评论，然后动笔写评论。"这些有违活动初衷的实言，都从一个侧面反映出"一校一书"阅读活动对读者阅读造成了干扰。

（二）"唯得票数"是论的评价机制导致评奖结果失真

截至 2017 年，"一校一书"阅读活动已开展了四届。前两届活动设立了四个奖项：优秀组织奖、阅读推广奖、优秀创意奖和优秀心得奖。除优秀组织奖与优秀创意奖自由申报评比外，优秀心得奖与阅读推广奖均以得票数为唯一依据。以第二届活动为例，进入网评的读书心得共计 647 篇，文章长的多达三千字，短的也有近千字。以平均每篇文章 1000 字记，647 篇征文共计 64.7 万字，约合 20 万字的著作 3 部，如此巨大的阅读量，读者是很难在短时间内完成的。因此读者投票大多局限在"给本校文章投票或好友文章投票"上，跨校阅读并投票的人次十分有限。我们在网上对每所学校得票数多的与得票数少的文章进行了对比阅读，发现许多文章得票很少，却不失为值得传阅的好文章。

（三）单一的交流渠道降低了阅读活动的社会效益

交流是阅读推广活动的关键一环。对活动成果与推广经验进行全方位的深入交流，不仅可以扩大阅读推广活动宣传力度，也可以增加阅读推广活动的广度和深度，提升阅读推广活动的整体形象和影响力。读书心得作为"一校一书"阅读活动的直接成果，除在本校读者之间交流以外，更应在馆际之间广泛传播。可是，各校选送的优秀征文只有网上交流一

条渠道，而且还只在规定的时间内才能点击阅览，过期系统自动关闭。推广经验交流也局限在馆长年会上的一次性分享。这种过分单一的交流渠道使得协同推广阅读的活动效益大打折扣。

（四）高度统一的活动模式加大了推广的难度

"一校一书"，这种"步调一致、整齐划一"的阅读推广模式，要求馆际之间必须达成高度共识，才有可能持续开展。而这种"一盘棋"式的阅读推广，显然束缚了读者阅读个性的自由发展，也加大了推广的难度。

选择放弃或拒绝参与的高校，一定有他们放弃或拒绝的理由。正如一位高校图书馆馆长所言：我校认真组织开展了第一届"一校一书"阅读活动，不仅活动收益不明显，反而在一定程度上抑制了大学生读书的积极性，所以第二届活动我们选择放弃参与。此观点从另一些高校选送的参评文章中也得到了印证。如有些读者就自选图书而非学校指定图书撰写读后感，另有一些读者提交的是自命题文章，更有学校选送的参评文章数量远远低于省高校图工委规定的比例要求。透过这些现象，可以看出"一校一书"阅读活动在推广过程中确实存在一定难度。

四、协同背景下的阅读推广体系建设策略

（一）构建多维评价机制

对图书馆的阅读推广活动进行"成本——效益"评估，意义重大。通过评估，可以及时发现问题、总结经验，更好地指导以后的相关活动。为了避免因为评价主体的单一而导致的评价结果偏颇，构建多维评价机制至关重要。多维评价机制应包括上级单位评价、图书馆自身评价和读者评价三个层面。从读者层面对活动进行的效益评价可以量化成读者参与广度、读者参与深度与读者满意度三个一级指标，这三个一级指标又可细化成读者参与数量、读书兴趣是否增加、到馆时间是否增加、知识能力是否增强、读书数量是否增长、读书时间是否增加、是否增加了新知识、读者是否满意等8个二级指标，这些二级指标可以采用数据统计和问卷调查的方式获得。图书馆自身对活动进行的成本评价可以量化成投入的时间、人力、财力、物力、是否需要与本单位其他部门合作、是否需要与外单位合作6个一级指标，这些指标具有易收集统计的特点，操作性强，各高校可以照此付诸实践。上级单位对活动进行的评价则可以落实到宣传力度和成果质量2个一级指标上。如湖南省高校图工委作为各高校图书馆的上级主管单位，对各校开展的"一校一书"阅读活动进行评价，可以从各高校图书馆主页上发布的活动信息中考量活动的宣传力度；从活动总结材料中考量读者的认可度和图书馆的重视程度；从提交的征文中考量成果质量。为了提高读者

投票的精准度和覆盖面，每校只需选送最有代表性的3~5篇文章参与网评，以大幅度降低投票人的阅读量，从而使得文章的得票数能够基本反映文章的优劣。

（二）多渠道进行阅读成果交流与推广经验分享

不管是哪类机构开展阅读推广活动，只有充分展示活动成果，才能让大众看到阅读推广的成效，进而扩大活动影响力，保证阅读推广活动的持续开展。读书心得作为"一校一书"阅读活动的直接成果，仅仅通过网上交流一种渠道显然是不够的。各高校可以把本校的优秀征文编印成集，除发到本校图书馆的阅览室、自习室、系部图书资料室等库室进行校内传阅外，还应赠送到全省其他高校，进行校外纸本传阅，以弥补网上定期交流的不足。活动总结是对推广经验的一种全面盘点，只在馆长年会上交流介绍未免太显单一，况且年会时间有限，几十所高校很难做到一一宣讲。因此，各高校将"一校一书"活动总结发布于本校图书馆主页上，让全省的每一个馆员都有机会学习其他馆的做法，做到"知己知彼，年办年新"。此外，高校图书馆还可将活动盛况制作成视频文件提交给省高校图工委，图工委进行编辑加工后挂网上传播，让全省的大学生读者都能全方位多渠道分享活动成果。

（三）创设"一校多书"阅读推广活动

基于对读者阅读选择权的尊重，"一校一书"在一定程度上干扰了读者的阅读取向，导致读者参与度不高，活动推广难度加大。知难而求变，可变"一校一书"为"一系一书""一班一书"甚至"一人一书"学校提供的书目推荐单不要只局限于各大媒体的年度好书榜。尽管好书榜上的图书相对较新，却没有经过时间的检验，许多高校经读者推荐确定的精读图书只是符合读者口味的心灵鸡汤类的励志读物。正如一位馆长所言："因为当下的大学生群体太浮躁、太急功近利，容易在畅销型励志读物中找到共鸣，才有这么多高校推荐此类图书。说实话，对此结果我是有些许失望的。"鉴于此，各高校图书馆可以自制书目推荐单，如可根据主题、出版社、作者、国别、年代分类推荐古今中外的经典名著与精品图书。还可变单纯的撰写读书心得为"读书演讲比赛""读书故事会""读书有奖知识竞赛""读书辩论赛"等形式多样的阅读活动，吸引读者和高校积极参与，从而使得协同背景下的区域性阅读推广活动能够持续深入健康发展。

作为协同阅读推广体系的一种尝试，"一校一书"阅读推广活动创办时，借鉴了美国"一城一书"活动和新加坡国民阅读活动的成功经验，然而在本土化的过程中，还是出现了以上的诸多缺陷。可喜的是，随着活动的持续深入推进，2015年以后开展的"一校一书"推广活动有了许多改进，突出表现在活动的评价机制上。首先将优秀读书心得的评选权下放到了各高校，根据学生人数每所高校选出3~5篇文章送省高校图工委进行复评；优秀组织奖的评选，考核更全面，要求提交活动总结、活动绩效考核表、不少于15个页面的活动演示文稿以及 10 张活动照片；优秀创意奖更名为"创新案例奖"，参与评选的案例必须持续开展 1 年以上，同样需提交案例总结材料、演示文稿以及活动照片；增设了"优秀阅读推广人"奖等。更值得称道的是该活动从 2016 年起上升为湖南省教育厅主办，湖南省高校图工委组织实施，具有了行政型推广属性，使得全省高校图书馆开展活动的积极性进一步提高，活动逐步走上了科学合理的人性化发展轨道。

第七章
高校智慧图书馆数字阅读推广方法

第一节　高校图书馆主要的网络阅读推广
类型与技术特点

数字阅读是在移动网络迅速普及的当下日益发展的一种阅读行为，主要包括基于电脑、手机、电子阅读器等网络终端的阅读，与之相关的概念包括新媒体阅读、网络阅读与移动阅读。

一、阅读推广网站建设

从各图书馆创建的阅读推广专题网站内容来看，主要分为四类：

一类是阅读推荐网站，通常包括新书推荐、借阅排行榜推荐、经典推荐、教授及学子推荐，北京大学图书馆和清华大学图书馆在此方面颇具典型性。北京大学图书馆的"阅读推荐"专题网站包括"新书通报""教授推荐阅读"和"学子推荐阅读"。"新书通报"设置了按月、馆藏地分类的浏览方式，按上架时间、分类号、题名、作者、关注热门程度排序，并设置有"热门关注图书榜"。每一本新书，展示的元素除了出版项，还包括图书封面图片、内容简介、作者简介、目录、索书信息、相关图书。教授和学生推荐阅读标明了推荐图书的出版项及索书信息。清华大学图书馆的"读在清华"专题网站包括"专题书架""每周甄选""新书通报""借阅排行"四个栏目。"专题书架"指定期按照主题拟定书单推荐阅读，如新生入校时推出"大学第一课"专题，鼓励大学生创新创业的"年轻人，创业吧"专题，讲述学校历史、增强学生对学校的认同感和归属感的"清华人与清华大学"专题，庆祝全民族抗战胜利70周年的"抗战胜利70周年"专题，针对专门的文学经典著作的"陈忠实与白鹿原"专题等。"新书通报"为定期通报社会科学、文学、艺术、自然科学、生命科学、医药学、工业技术、综合性图书等类别的新书。"每周甄选"指每周精选推荐一定数量的新书。"借阅排行"指以年度为单位，按照每种图书在图书馆出借的次数列出图书借阅排行榜，分总榜、社科类、科技类和文学类四个类别。对于所推荐的图书，网站提供题录信息、馆藏信息，及从其他网站抓取的图书简介、豆瓣书评和相关视频信息、社会化阅读信息，以及在线试读。

第二类是经典图书全文网站。南京大学图书馆的"南大悦读经典"、中国人民大学图书馆的"读史读经典"、西安交通大学图书馆的"100本经典"都是为推广经典阅读而创建的全文图书网站。

第三类是线上展览，例如北京大学图书馆的"在线展览"，同济大学图书馆的"网上展厅"，中国海洋大学图书馆的"文化展厅"。

第四类是历年阅读推广活动汇集展示网站，例如南京大学图书馆和东南大学图书馆的"读书节"网站。

设计阅读推广专题网站关键要考虑读者的兴趣与感受，因此专题网站的名称需令读者一眼即知其内容，以吸引读者进入到网站去查看。在此方面，东南大学图书馆的设计可谓一目了然。该馆与阅读推广相关的专题网站有：①"阅读推荐"：基于国内高校各类推荐书单、国内知名图书馆借阅排行榜、亚马逊和当当网近三年图书排行榜、豆瓣热门书单、电子公告板读者推荐等12种书单来源，整理成文学、哲学、艺术、历史、经济、社会政治、心理健康、科学素养八个版块，共计500种图书。每周三在图书馆微信公众号和网站上同步推出最新一期书单。②"阅读推广"：下设"读书节"（历年读书节活动）、"书乐园"（馆办读书刊物）、"读书会"（学生读书社团）。兰州大学图书馆创建的"书香兰大"专题网站则是较全面地汇集和展示阅读推广工作的代表，设有工作动态、阅读视界、好书推荐、精彩书评、阅读排行、阅读之星、图书捐赠与漂流专栏。

二、微信阅读推广

在移动阅读、社交阅读模式迅速普及的当下，人们获取信息的渠道、方式极为丰富。图书馆也相应地推出了基于微博、微信等的服务。基于微信广泛的影响力，高校图书馆越来越多地通过它来开展阅读推广工作。目前图书馆阅读推广对于微信的应用主要基于它的信息推送功能与社群功能。

基于微信公众号，图书馆主要推送的信息内容包括：①阅读活动通知与报道；②图书推介信息，通常为新书、热门图书、经典图书、获奖图书等；③书评，主要来源于师生创作或是书刊媒介上发表的专业书评；④排行榜书单，包括借阅排行榜、综合性图书销售排行榜书单等；⑤推荐书单，通常由学者名流开列。这类推送有的作为图书馆官微的阅读专栏定期发布，具备持续性与常规性；有的直接作为图书馆推送信息发布，相对而言随意性较强。沈阳师范大学图书馆是创建官微阅读专栏的典型代表。该馆微信公众号后台专门开辟了好书荐读栏目，在该栏目下有"畅销书榜""借还书榜"等馆内图书榜单；有"新书上架"的新书入藏清单对新书进行推荐阅读；有"书人书事"专栏选录名人阅读故事，鼓励读者开卷阅读；"每日一书"专栏每日推荐一本馆藏图书，让读者更多地了解深藏于图书馆的好书;"获奖图书"栏目从获得奖项认可的视角,向读者推荐获奖好书。

除了信息推送,图书馆往往会综合利用微信公众号的社群功能,主要有两类应用:①创建阅读交流群,群内可以发布各类与阅读相关的知识、资讯,可以举办线上讲座,也可以群员交流;②促使参与读书活动的成员在朋友圈发布关于所读图书、读书心得、阅读图照等信息,通过成员的阅读情况、阅读活动的朋友圈影响力来综合评定阅读推广成效。

多数高校图书馆通过应用公众号推送信息或是创建阅读专栏的方式来推广阅读。阅读专栏有自建及依托于商业阅读平台创建两种模式。部分图书馆依托于"超星微平台""书香中国互联网数字阅读平台""e博在线""畅想之星""智读""龙源期刊""汇文系统"等创建图书馆微信公众号中的阅读推广栏目。其中,前两个平台被采用较多。

三、自建移动阅读手机软件

在数字化阅读浪潮下,少数图书馆及出版社自建移动阅读平台,助推数字阅读。

上海图书馆应对数字化阅读浪潮研制了基于元数据整合的"市民数字阅读"平台。该平台架构分为三层:底层负责管理图书馆的数字阅读资源;中间层由平台的功能模块组成,包括元数据整合、全文检索、版本控制、数据统计、接口管理;前端主要用于电子书的展示,并适用于不同的展示媒体,如网站、手机软件与微站。平台主要提供面向大众阅读的通俗类资源,包括30余万种电子图书、1500余种电子期刊、500余种电子报纸及10000种网络文学。该平台提供了简单的检索功能和分类浏览功能,极大地方便了读者利用移动设施免费阅读合乎版权要求的书刊,但是个性化功能、交互功能均有待提升。超星公司面向高校推出电子书手机软件,读者扫描安装该手机软件后,即可在移动终端浏览(热门图书浏览、分类浏览、书友上传图书浏览)、搜索该机构提供的电子书,可以选择自己感兴趣的书展示在首页,阅读过程中可添加书签,也可以上传自己愿意分享的图书。这两个平台的内容侧重于大众数字阅读,功能方面,智能型推荐及社交化阅读功能均有待加强。2016年4月23日,中华书局推出了"中华经典古籍库"微信平台,内容覆盖了中华书局历年出版的经典古籍图书点校本,会员可进行阅读全文、做笔记、分享页面、检索、查阅联机字典、纪年换算等功能操作。该微信平台可谓是古籍与移动平台结合的有益尝试,对图书馆创建公益的、具备智能推荐及更丰富的社交阅读功能的经典阅读推广平台具有良好的借鉴意义。

高校图书馆方面则以上海交通大学图书馆于2016年7月1日正式上线的"思源悦读"手机软件为代表。该手机软件设置有"阅读室""群组学习""用户阅读分享激励"和"分析推送"四大功能模块。"阅读室"功能模块可以对多种多样的图书资源进行分类阅读引导,提供方便有效的线上阅读空间。"群组学习"功能模块可以创建、加入和管理群组,在群组内部进行心得交流、互动阅读和感悟分享。群组交流分为话题吧、兴趣吧、学习吧、共读吧四类,并能根据用户的使用习惯推荐可能感兴趣的群组。"用户阅读分享激励"功能模块可以采用积分制进行用户阅读激励,不管是阅读还是写书评、回复评论、点赞等等,或阅读或分享的行为都可以获得奖励积分。"分析推送"功能模块可以对用户的阅读行为和需求进行统计分析，在统计分析的基础上推送相应的服务，并对服务功能进行不断地完善、改进和优化。

综合而言，当前高校图书馆在数字阅读推广方面的许多举措是一种拓展性、探索性的实践。接下来，高校图书馆将借鉴更具读者吸引力的商业性移动阅读应用的功能技术优势、为读者提供公益精选的全文内容平台，将更具发展前景。

第二节　商业性移动阅读类电子软件功能特点阐述

从手机软件在发展和运营过程中主要依托优势的角度可以将国内移动阅读手机软件大致分为资源类、用户类、技术类、电商类、渠道类：资源类手机软件的运营方主要为内容提供商，包括原创文学网站和出版商等，他们依托自身资源优势开发研制了移动终端化的阅读类手机软件，如书旗小说、起点读书等。

用户类手机软件的运营方主要为自身就拥有大量用户群的公司或平台，在推出手机软件后，利用自身大量的用户资源优势在用户间迅速推广，如百度阅读、微信读书、网易云阅读等。

技术类手机软件的运营商为擅长移动阅读技术的公司，主要依托自身的先进技术和创新思维，在移动终端上开发研制出符合用户移动阅读需求的手机软件。

电商类手机软件的运营方主要为传统电商，他们依托其成熟的电子商务模式开发阅读类手机软件，如当当阅读、京东阅读等。

渠道类移动阅读手机软件的运营方主要为电信运营商，如中国移动、中国联通、中国电信，以他们为主导开发研制的移动阅读手机软件，主要采用合约机内置移动阅读手机软件等方式，依托其自身庞大的推广渠道，快速占据移动阅读市场，如咪咕阅读、天翼阅读等。

值得注意的是，这五大分类并不是互斥的，本节将从这五类移动阅读手机软件中各选取一款有代表性的，分析其在资源内容、功能机制、使用情况等方面的特点。

一、资源类手机软件——书旗小说

（一）概况

书旗小说以书旗网为基础，依托阿里文学平台上的小说资源，是一款阿里集团旗下手机阅读软件，经营者为广州阿里巴巴文学信息技术有限公司。阿里文学网站包括：阿里文学平台、书旗网、阿里文学无线应用站点、淘宝阅读等。本节以安卓系统下 V10.6.6.63 版本为研究对象进行分析。书旗小说手机软件的默认首页为自己的书架，此外还有书城、免费和原创 3 个栏目。书架栏目摆放自己想要阅读的书籍，新用户下载手机软件会自动赠送一定数量的书籍自动上架。书城栏目为该软件的图书资源中心，推荐图书进行阅读。免费栏目为不需花费豆券便能阅读的文字，包括免费的图书、轻小说、漫画和一些互动话题等。原创栏目则是用户发布自己原创作品的一个版块，包括原创推荐和自己的创作两部分的内容。

（二）图书资源

书旗小说手机软件的图书资源大致包括三个部分，一是阿里文学旗下的网络小说作品。这部分内容为该手机软件的主体内容，也是该手机软件着力向用户推荐的内容，此类作品由阿里巴巴文学制作与发行；二是正式出版的畅销书籍。这一部分图书主要集中在书城的出版版块中，此外书城的榜单版块也有部分正式出版书籍的畅销榜、新书榜等内容推荐，这部分图书的版权属于出版社，手机软件上的电子图书与纸质图书封面保持一致，且保留有出版社和版权页信息；三是其他出版图书。这类图书大部分为公版书或者取得数字版权的图书，由阿里文学制作与发行，大部分经典图书都属于此类，但是这类电子图书的制作较为粗糙，文字和版式未经审校，质量不高，很难满足深入阅读的需求。

（三）阅读界面

书旗小说手机软件的阅读界面清爽，阅读书籍时可左右滑动翻页，点击页面中央会在上下边缘处出现工具栏。上方是功能区，可以支持作者，激励创作，投推荐票、打赏、投月票、查看粉丝榜等。该手机软件还可以听书，听书可以选择听书的速度（慢速、快速），可以选择声音，可以设置定时关闭或退出听书模式，可以下载章节离线阅读，可以跳转到书架查看书籍详情，或将此书的信息分享到微信、微博、聊天软件等社交媒体中。下方的功能区主要是对阅读本身的操作和设置，如选择章节、目录，设置阅读界面的亮度，设置字体、字号、颜色主题、翻页模式、护眼模式、间距等，同时还有内容、章节报错的通道；此外，还可以在阅读时一键进入评论区，对整本图书进行评论；如果选择特定的一段文字，还可以进行分享（保存为图片进行分享）、评论、复制、报错的操作。

（四）推广与激励机制

1. 阅读推荐机制

①推荐榜单制度。书城资源浩瀚，用户如何选择是一个难题。书旗小说采用推荐榜单的机制帮助用户选择。以书城版块为例，该版块默认为精选页面，此外也可以按照自己的喜好进入女生、男生和二次元页面。不同的分类页面会有不同的图书推荐。如精品页面所推荐的书包括：最好看的书、精品专场、影视热门出版、点击上万的好书、大家都在搜、最热书单、原创作品、大神巡展、听书专区、根据兴趣匹配、二次元专区、男生最爱、女生最爱等。此外还有分类热门书单、各种原创作品人气榜单、出版作品畅销榜、新书榜、

推荐榜等榜单，会员专享图书、完结图书和已出版图书等。②定制阅读喜好，可以选择不同的分类主题标签(如现言、穿越、玄幻、都市、悬疑、名著等)，根据阅读偏龄性化推荐书籍。

2. 互动机制

书旗小说手机软件包含两种互动机制，一种是读者了者互动机制。一方面读者可以通过投推荐票、打赏、月票、在评论区评论等方式与作者进行互动，表达对书籍的喜爱，激励作者创作；另一方面作者也可以通过读者的反馈，调整自己的写作内容或风格。此外，手机软件还可根据读者投票数据形成粉丝排行榜，通过排名鼓励读者投票。第二种是读者之间的互动机制，不过读者之间仅能评论和分享到社交媒体进行互动。

3. 阅读激励机制

鼓励每天签到，签到页面是一颗小树苗，签到一次则为小树苗浇水一次，寓意阅读的小树苗茁壮成长。累计签到一定时间可获得一定奖励，如抽奖机会、豆券等，使用豆券可以在有效期限内购买商城的图书。

4. 阅读反馈机制

读者可以对书籍打分，进行评论；还可以针对具体的某一部分内容反馈错误或有问题的信息。

另外，书旗小说手机软件还有更新连载书的功能，以方便读者追踪网络小说的内容更新；有本地导入、无线网络传书功能，方便读者从别的渠道下载书籍后使用该软件进行阅读。

二、用户类手机软件——QQ 阅读

(一)概况

QQ 阅读为腾讯公司于 2013 年开发的移动阅读软件。2015 年，腾讯文学投资，联合盛大文学成立了阅文集团，统一管理两家旗下各项品牌。整合后的阅文集团包含网络原创阅读、图书出版及数字发行、音频听书三大品牌，而 QQ 阅读则成为三大品牌群的重要移动阅读入口。本节以安卓系统下 V6.5.9 版本为研究对象进行分析。

进入 QQ 阅读手机软件时，该软件便会询问读者性别，并根据读者性别进行私人化定制。QQ 阅读手机软件的默认首页为自己的书架，此外还有"精选""书库"和"发现"3 个栏目。书架栏目摆放自己想要阅读的书籍，新用户下载该软件在免费阅读期间会持续赠送一定数量的书籍自动上架，书架还有导入书籍、按分组找书、批量管理、连载更新提醒等功能。精选栏目为经过编辑推荐后的书籍。书库栏目为该手机软件应用的图书资源中心，可以通过各种方式查找任意一本图书。发现栏目则是一个阅读功能之外的活动中心。

（二）图书资源

QQ阅读手机软件将旗下图书资源分为男生、女生、出版、漫画、音频5类。

（三）阅读界面

QQ阅读界面清爽，默认为带书友想法的阅读模式。可一键切换黑底白字和白底黑字的阅读效果。上方功能区中有"返回""下载投票""打赏作者""是否隐藏想法"等按钮，还可以添加书签、进行全文搜索、查看粉丝榜、查看书籍详情，将书籍分享至微信、QQ、微博等社交媒体。下方功能区中可以查看本书目录，查看阅读进度，设置字体、字号、阅读背景、阅读版式等，还可以进入更多设置页面，对翻页方式、导航栏显示、音量键翻页等细节进行更多设置。可以下载人声朗读安装包使用人声听书；可以选择自动阅读，无需用手翻页，可谓懒人福音。每阅读完一个章节，会提示互动，如加入本章讨论、打赏作者等。选择退出阅读界面时会提示加入书架。如果选择特定的一段文字，可以做"写想法""分享""划线""查词典""复制""纠错"6项操作。

（四）推广与激励机制

1. 阅读推荐机制

①推荐榜单制度。QQ阅读在"精选"栏目中采用榜单制度来向用户推荐图书，包括排行榜、精品推荐、包月推荐、书单广场、完本小说。仅排行榜就有5类46个榜单。其中较有特色的是书单广场，该广场主要是最新、最热的各类主题书单推荐，还对一定级别以上的会员提供定制个人书单服务。②定制阅读推荐。选择感兴趣的阅读主题，开启专属推荐。③阅读基因。读者在手机软件应用平台上进行的所有阅读行为都会记录为该用户的阅读基因，并用于以后的阅读推荐。

2. 互动机制

QQ阅读手机软件同样包含读者—作者互动和读者之间互动两种机制。读者不仅可以通过投推荐票、打赏、月票、在评论区评论等方式与作者进行互动，还可以花费书币进行提问，有机会得到作者的语音回答。读者不仅可以对某本书进行评论，还可以对这本书的某一特定章节甚至某一段某一句进行评论和互动。

3. 阅读激励机制

鼓励每天签到，累计签到一定时间可获得一定奖励。鼓励阅读，可用阅读时长兑换书券，新用户可享受双倍兑换书券特权，但是每次兑换的书券7日内有效。鼓励在平台内的各项操作，可以获得成长值，有一套较为完善的成长值提升和奖励体系。另外，QQ阅读打开的默认页面上会有醒目的数字提示本周阅读时长（按分钟计算），激励读者阅读。

4. 阅读反馈机制

读者可以对书籍打分，进行评论；还可以针对具体的某一部分内容反馈错误或有问题的信息。

5. 图书信息维度

字数，读者评分，读者评分人数，分类主题，作者，收藏数，阅读数，赞赏数，书评条数，参与人数，同作者作品，收录了本书的书单，同一本书的书友还读过的书，其他图书信息(上架时间、出版社、纸质书价格等)。

另外，QQ 阅读书架页面还支持导入书籍、按分组找书、批量管理、连载更新提醒等功能。

三、技术类手机软件——掌阅

(一) 概况

在数字阅读领域，该手机软件的月独立设备数量长期保持第一。本节以安卓系统下 V7.4.1 版本为研究对象进行分析。首次打开该手机软件，即提示选择阅读偏好，偏好分类为：出版图书、男生小说、女生小说、漫画·二次元、听书·知识，只有选择阅读偏好后才可打开此款软件应用。进入软件后默认首页为书架，此外还有"书城""发现""我的"3 个栏目。

(二) 图书资源

目前，掌阅拥有畅销、生活、文学等类别的优质图书数字版权 50 万册。掌阅手机软件将旗下图书资源分为出版、男频、女频、漫画、听书、杂志六大类，105 个小类。掌阅对公版书的制作较为精心，以《论语》为例，在正文之前以编辑部的名义增加了序，正文中对字、词、句的注解均可以点击后在原文上直接打开，而无需翻页，更加方便读者使用。

(三) 阅读界面

掌阅阅读界面清爽，默认为带书友想法的界面，上方功能区有返回、购买、朗读、全文搜索、书圈、投票、增加书签、隐藏想法、分享等按钮。下方功能区有目录、进度条，可以设置亮度、夜间模式、字体字号、翻页方式、繁简体切换等。其中目录页除了可以根据目录跳转到特定章节外，还可以根据想法/划线或书签跳转到特定章节。选中阅读界面中某一段文字，可以进行分享、写想法，划线、复制、查词典、查百科、纠错等操作。

(四) 推广与激励机制

1. 阅读推荐机制

掌阅手机软件应用主要在书城版块中采用榜单制度向用户推荐图书，排行榜包括月票榜、用户喜爱榜、新书榜、主编推荐榜，此外还按照图书的六类分类资源提供不同的推荐榜单。如对于出版图书，就有书城畅销榜、特价折扣榜、更多权威榜等。此外还会为读者分类提供热门书单、新书书单和好评书单。

2. 互动机制

由于掌阅主要依托的优势为技术，旗下并没有签约作者资源，所以其主要的互动机制为读者之间的互动。读者可以对某本书进行评论，可以选定这本书的某段文字进行评论或分享，该手机软件还专门建立了书友圈子——书圈，读者可以在专门的书圈中分享阅读心得。

3. 阅读激励机制

鼓励每天签到，签到可抽奖领取福利，累计签到一定时间可获更多奖励。此外还可以完成一定的任务领取奖励，如新人任务、参加阅读计划、日常任务和特定活动任务等。掌阅还会定期组织阅读推广类活动，如邀请青少年的偶像列出书单，组织大家和该偶像共同阅读书单中的书籍，每天打卡签到，并发布阅读心得。

4. 阅读反馈机制

读者可以给书籍投票、打分、点赞、评论，还可以针对具体的某一部分内容反馈错误或有问题的信息。

5. 图书信息维度

字数，价格，读者评分，读者评分人数，作者，点赞数，在读数，粉丝数，最新章节，书圈人数和评论数，相似图书推荐，相关书单，图书更多信息(字数、上架时间、免责声明等)。

四、电商类手机软件亚马逊 Kindle 阅读

(一) 概况

亚马逊 Kindle 阅读是由亚马逊信息服务(北京)有限公司开发的一款 App0 亚马逊是全球最大的电子商务公司之一，成立于 1995 年，从网上销售图书起家，是全球最大的图书电商平台，拥有大量的图书出版渠道资源和用户资源。本节以安卓系统 8.3.1.16-China版本为研究对象进行分析。该手机软件需登录才能开始阅读，登录之后会将该账号下其他

设备上的设置或操作同步到本设备上。该手机软件应用设置有"主页""图书馆""商店"和"更多"4个栏目，主页为默认页面，醒目位置为当前所读的书，下面是根据用户所购买或所阅读过的书目推荐阅读的书籍。其中"图书馆"栏目是用户所购买的书籍；"商店"栏目为 Kindle 电子书商店，可以随意搜索自己想要的书籍。

（二）图书资源

亚马逊 Kindle 阅读拥有 50 余万本出版图书的电子书，包括小说、文学、经管、社科、科技、少儿、进口原版类畅销书。

（三）阅读界面

Kindle 阅读手机软件应用的阅读界面较有特色，与市面上主流的软件阅读界面不同，没有专门的目录页面，如果读者需要频繁查看目录，可能会觉得不方便，但是却能有助于专注阅读。阅读界面上方的功能区可以返回，进行查看书籍相关信息、在电子书和笔记中进行全文搜索、阅读界面设置、查看笔记本的内容、设置标签等操作。在下方的功能区中可以一键设置阅读模式（白天或黑夜），查看阅读进度条，下方左侧有一个九宫格图标能够将正在阅读的图书缩小为电子书的鸟瞰视图，方便进行特定章节或图片的查找。在阅读界面中可以将正在阅读的最后一页固定到屏幕的一侧来进行返回操作，可以点击左下方的内容按住并拖动手指选择一个句子即可自动创建标注，可以添加笔记、搜索或分享标注的内容。按住字词不动则可以查词典，可供查找的词典为现代汉语词典和必应词典。

（四）推广与激励机制

1. 阅读推荐机制

①阅读推荐。Kindle 阅读手机软件会根据自己所收集的用户阅读和购买图书数据，推荐图书。推荐图书维度有：所购买图书中的相类似图书，具有同样阅读习惯的用户所阅读的书，常用购买类别中的其他书籍等。针对用户的阅读习惯推荐图书，为 Kindle 图书推荐机制最大的特点。②推荐榜单制度。Kindle 阅读的榜单有畅销榜、新书榜、口碑好书榜、主题书单、分类书单等。

2. 互动机制

Kindle 阅读手机软件基本只能对整本书进行评论，对特定的文字进行标注和分享，其他的互动渠道并不多。在阅读时也只能看到某段文字做了多少次标记，而无法看到别人对这段文字的评价，比较适合私人阅读。

3. 阅读激励机制

可以购买 Kindle Unlimited 电子书包月服务，月付 12 元或年付 118 元即可畅读 10 万多本精品中英文电子书。

4. 阅读反馈机制

读者可以对书籍打分，进行评论。

5. 图书信息维度

和商品购买页面类似，有书名、作者、评分、价格、买家评论、Kindle 版图书信息、图书其他信息、其他类似图书推荐等。

另外，该手机软件与 Kindle 电子书阅读器、Fire 平板电脑完全同步，如果同时拥有平板电脑和手机软件，就可以同步阅读进度、标注等，还可以随时随地为使用相同账号的家庭其他成员买单。Kindle 阅读软件还有原版《红发球艾米丽》《功夫熊猫》等优质漫画。该手机软件还保障私人阅读空间，不会发送各类广告信息。

五、渠道类手机软件——咪咕阅读

（一）概况

咪咕阅读是咪咕数字传媒有限公司(简称咪咕数媒)开发的一款集阅读、互动等多种功能于一体的阅读器手机软件，隶属于咪咕文化科技有限公司，其前身中国移动手机阅读基地于 2009 年初在中国移动浙江公司启动成立，2010 年 5 月正式推出手机阅读业务。2013 年 12 月，中国移动手机阅读业务更名为"和阅读"，2015 年 10 月，正式更名为"咪咕阅读"。本节以安卓系统下 V7.46_ 18035 版本为研究对象进行分析。该软件有"书架""推荐""分类""发现"4 个版块，默认页面为"推荐"页面。

（二）图书资源

截至 2018 年底，咪咕阅读平台已累计汇聚超过 50 万册精品正版图书内容，涵盖出版图书、原创小说、杂志、听书等多种内容形态。

（三）阅读界面

咪咕阅读手机软件应用的阅读界面和前述手机软件的界面大同小异，上方功能区有反馈、分享、共读书友圈子和评论、加入书架、添加书签、下载、隐藏笔记、显示图书信息等模块；下方功能区可以查看目录和阅读进度，听书，夜间显示设置，字体字号、背景颜色设置等。选中特定的一段文字还可以进行复制、笔记、划线、分享，可制作图片分享。如果该书为连载的网络小说，则会增加月票和打赏按钮。

（四）推广与激励机制

1. 阅读推荐机制

咪咕阅读在推荐版块进行阅读推荐，排行榜中根据分类推荐高人气榜单、新锐图书榜单、经典完本、潜力新书、免费畅读榜单。

2. 互动机制

如果在咪咕阅读手机软件应用中阅读的图书为连载网络小说，其互动机制包括读者之间的互动和读者与作者的互动，可以对某本书写评论；可以对特定的文字写下心得笔记，和阅读同一本书的读者进行交流；还可以对作者进行投月票、打赏等操作。如果是出版类小说，则只有读者之间的互动。

3. 阅读激励机制

分享送书券，签到领书券，累计签到 15 天可以抽奖，每月全勤可以送书券，所送书券可以在线购买图书。此外，在软件内进行阅读，阅读超过 30 分钟还可以领取 0.5 元书券，每周领取上限为 5 元。

4. 阅读反馈机制

读者可以对书籍打分，进行评论。

5. 图书信息维度

书名、评分、作者、金额、分类、字数、是否完本、小编推荐评语、书籍简介、视频导读、评论、包含本书的热门书单、作者的其他作品、本书的作者还看过的书、其他推荐图书。

第三节　高校智慧图书馆数字阅读平台建设

从当前数字阅读发展的趋势来看，手机软件是更便于读者随时随地阅读的一种方式。当前图书馆推出的各类数字阅读平台以书单及活动推介类的内容为主，展示图书全文的较少。商业机构推出的移动阅读手机软件应用的阅读体验、交互感均越来越符合读者阅读心理需求，但主体图书以网络小说为主，且多数为付费服务。因此，对于高校图书馆而言，构建具备优越的推荐机制、阅读体验、增进阅读交流的，以青年学子学业及心理发展需要为主体内容的移动阅读数字平台，将是需要重点突破的数字阅读推广方向。平台的体系架构、展示内容、功能机制、显示界面可作如下设计。

一、体系架构

图书馆移动阅读推广平台的体系架构，可以设计为 3 层：①底层为经典资源管理层，汇集、管理来自电子图书数据库、网络，及图书馆数字化的经典及精品图书；②中间层由元数据整合、版权管理、数据统计分析、接口管理、用户身份管理、虚拟交互社区、浏览模块、检索模块、推荐模块等功能支撑模块构成；③上层为平台，适用于网站、手机软件、微媒体等的应用展示层。

二、内容选取与描述

平台的内容构成，须遵从平台推广经典与精品阅读、弘扬优秀传统文化及精神的建设宗旨。因此，平台所展现的内容必须是对读者的人格及精神成长能产生正向影响的经典图书与精品图书，及相关导读评论性资料。基于这样的宗旨与原则，平台内容的遴选可以遵循两种路径：①搜集整理历史文献学家、心理学家、教育学家等研制的推荐书目，运用统计分析、聚类分析等方法，来精选一批对于文化传承及人格成长养成具有重要价值的经典；②对图书馆的馆藏借阅数据进行挖掘分析，产生一批受读者欢迎的精品图书。

书单确定后，一方面需要基于信息技术来获取全文资源、相关解读、注释性资源，以及相关多媒体资料；另一方面需要建立有效的揭示、浏览、检索、推荐、交互机制，以方便读者搜索及阅读。为整合异构来源的图书资源，并实现多维展示与浏览，需创建适宜平台功能的图书资源描述元数据规范。

三、功能机制

移动阅读推广平台的功能，主要着力于帮助读者发现自己所需的图书资源，并提供交互机制以便其理解图书所承载的思想与精神。从资源发现的角度，平台需提供浏览、检索及个性化智能推荐机制；从交互的角度，平台需支持读者在阅读过程中摘抄、评价、写书评或读后感、与人讨论等需求。

图书资源的浏览，需支持下述方式：①基于统计排行的浏览，包括基于推荐排行的浏览、基于借阅统计排行的浏览，以及基于评论次数统计排行的浏览；②基于分级阅读目录的浏览，即根据分级阅读目录，为不同年龄阶段的读者推荐适合的图书；③基于年代的浏览，即按图书写成的年代来分类浏览的方式；④基于学科主题的浏览，即根据图书所归属的主题范畴来浏览。

图书资源的检索，除设计作者、题名、出版社等常规检索路径外，还需要实现一站式发现功能，使读者一框检索即能检出含精品图书、解释性作品、相关评论文章等信息全面的检索结果，以方便读者阅读和理解著作内容。

智能化的个性化推荐机制设计是构建新型阅读推广平台的关键。新型的阅读推荐机制应结合文献学、心理学、教育学、计算机科学等多元学科的研究成果，进行多重设计：

（1）基于统计的推荐：①大师荐书，指基于推荐书目或名师荐书的统计排行推荐；②借阅排行，即基于借阅记录的统计推荐；③热评图书，指基于有效评价次数的统计推荐。

（2）基于读者身份信息、信息行为习惯的推荐：①根据读者年龄、专业、兴趣爱好等为其推荐适读图书；②根据读者浏览、检索、借阅、评论等记录进行推荐。

（3）基于虚拟阅读社区书人关系的推荐：①读此书的人同时也在读，即读者展示读他正在读的某部图书的人也在读的其他图书；②好友在读，展示推荐读者选择的阅友正在读的图书；③相同兴趣者在读，展示推荐与读者兴趣爱好相同者在读的图书著作；④基于读者添加标签的主题标签云展示推荐。

（4）基于分级阅读推荐书目的推荐：即依据教育学和文献学领域的研究成果，展示推荐适应不同年龄阶段阅读的图书。

（5）基于心理及精神成长需求的问题导向式的推荐：即依据心理学、教育学等学科的研究成果，采用文本挖掘、聚类分析、机器学习等技术，针对读者成长过程中经常遭遇的心灵困惑，推荐相应的图书或多媒体资料。

同时，系统会基于借阅数据，以及图书、推荐人、借阅人之间关系的聚类分析，来改进推荐算法，不断优化智能推荐效果。

在平台的交互机制方面，根据阅读过程的相关情景，如借阅、写笔记或摘录、发起或参与讨论组、写读后感或评论、查阅相关评论并评价、加标签、分享到社交网络、看哪家图书馆有纸本馆藏、看购书信息等，来设计阅读社区的交互机制。

四、界面设计

从读者的角度来看，平台最基础的界面为用户进入界面和图书资源展示界面。

读者经过简捷的身份认证及兴趣主题选择后进入平台，显示界面包括工具栏和展示界面。工具栏包括搜索框、分类浏览、分级浏览、活动与简讯、阅读圈（好友、讨论小组）、我的（包括个人设置、阅读笔记、书评等）。展示界面显示：①我喜爱的图书；②大帅荐读；③热读图书；④疗心经典；⑤你可能感兴趣的图书；⑥好友在读；⑦热点讨论组；⑧热点书评。

在具体图书展示界面，要展示的内容为：①书封；②出版信息，包括书名、作者、出版社、出版年代、丛书项等；③内容简介；④读者添加的标签；⑤该书的解读、注释性作品；⑥讲解该书的多媒体资料，如名师讲授的多媒体资料、相关影视作品等；⑦喜爱的图书、星级、标签、书评、评论、分享，以及读者对于书评及评论信息的评价；⑧在读/已读人数；⑨相关讨论组；⑩图书馆/书商链接；⑪喜欢读此书的人在读图书展示推荐。

第八章
高校智慧图书馆阅读推广评估方法

第一节　阅读推广评估方法概述

评估对阅读推广工作的推进有着重要意义。通过评估指标对阅读推广活动各个阶段进行考量，不仅可以收集活动质量和效果评估的反馈数据，帮助了解活动本身的效果，判断其影响与价值，从而更好地宣传和开展阅读推广活动，而且可以获知读者满意度与意见建议，发现阅读推广活动中的不足之处，为服务内容改进和质量提升提供依据。同时，阅读推广评估有助于了解活动的投入与产出比，从而判断人员、资源等是否得到合理使用。此外，通过证明活动的成效，也有助于获得相关经费支持，为活动的持续性开展提供保障。长远而言，阅读推广评估也有利于提升读者的阅读水平，如对读者阅读能力的评估，可以激励其有效学习，进而提高阅读水平。因此，阅读推广活动的绩效评估不可或缺。

目前，大学图书馆阅读推广的评估方法主要有：问卷调查法、德尔菲法、层次分析法、变异系数法、因子分析法、决策导向分析评估法等。

一、问卷调查法

（一）基本理念与问卷设计

图书馆阅读推广评估的问卷调查法是指在阅读推广指标体系制定和问卷设计的基础上，面向高校图书馆的阅读群体发放相关问卷，并进行统计分析，从而对高校图书馆阅读推广活动效果与影响进行评估的一种方法。为了保障问卷回收的样本量，通常会采取纸质问卷与网络问卷相结合的方式开展问卷调查。

在阅读推广活动评价读者问卷设计上，通常可以从引语型、喜好型、开放式3个模块来设计问题。为了保证问卷回收的简便性和可操作性，每个模块不宜设计太多的问题。其中，引语型模块，可以围绕对高校图书馆阅读推广活动的整体评价、大学生阅读存在的主要困难等方面设计单选或多选题。喜好型模块，可以从阅读推广活动开展频次、对高校图书馆阅读推广活动效果评价的影响因素、阅读推广活动效果等方面设计多选题。开放式模块，可以设计阅读推广活动有效的开展方式、如何有效地促进高校学生的阅读、对阅读推广活动的其他建议等方面设计开放式问题。

（二）实践应用案例

学者们运用问卷调查法开展了高校图书馆阅读推广活动评价的理论和实践研究。例如，无锡某学院理事长从3个层次对高校图书馆问卷调查问题进行了设计：①引入型问题，主要针对大学生在阅读中存在的问题，以及对阅读的认识；②态度型问题，着重围绕大学生对阅读推广活动主要影响因素的认可程度，以及对阅读推广活动的评价；③讨论型问题，重点是大学生对阅读推广活动方式与形式的意见与建议。

在问卷设计的基础上，该学院理事长召集广西大学、广西财经学院、广西师范学院高校书友会的50位学生会员，在会员们对阅读推广活动有一定的了解之后，组织召开座谈会，会后组织发放和填写问卷。通过对问卷的统计分析发现，影响最小的3个因素依次为图书馆内合作的部门数量、馆藏情况、校际合作的图书馆数量。影响最大的4个因素依次为读者的参与广度、满意度、参与深度以及阅读时间长短。结果显示，对于阅读推广活动是否需要与图书馆外的其他部门或单位合作，这些活动花费了多少人力、物力、财力，活动是如何举办的等问题，读者并不十分在意，因为这些都是图书馆（或图书馆所在单位）的事情，而非读者的任务。另外，阅读推广活动效果与馆藏质量并无紧密联系，实际上，读者更看重阅读推广活动对他们自身产生的实际影响。

上述阅读推广活动问卷调查基本评价模块的第一个问题的统计结果显示，78%的受调查者评价当前大学生阅读状况为"一般"，这一评价或是基于对大学生阅读现状的一般了解，或是基于对自身阅读状况的了解，或是两者结合。虽然存在着对"阅读"的不同认知，如是否只有阅读经典书籍才算真正的阅读，学习专业知识、钻研考试资料、浏览网络信息算不算阅读等，但仍可得知，受调查者普遍希望当前大学生阅读状况能够有所改善。第二个问题是"您认为高校大学生阅读能力提升存在的主要困难体现在什么地方?"统计结果显示，排名前4位的调查结果分别是：课余活动花费大量时间、图书选择困难、更愿意阅读电子读物、没有阅读兴趣。这些问题告诉我们，在大学生的学习生活中，学生在课余活动上往往花费了大量时间，学生也因此而没有时间或精力去阅读，他们更愿意选择电子设备快捷地浏览新闻或其他信息。另外，在当今信息大爆炸的时代，大学生很容易产生信息焦虑症，难以选择正确优秀的读物进行阅读。

二、层次分析法

层次分析法是指将复杂的多目标决策问题作为一个系统，将目标分解为多个目标或准则，进而分解为多指标或准则的若干层次，之后运用求解判断矩阵特征向量的方法，求得每一层次的各元素对上一层次某元素的优先权重，最后用加权求和的方法递阶归并各备择方案对总目标的最终权重，此最终权重最大者即最优方案。层次分析法能够将定量分析与定性分析有机结合，并将复杂的问题以科学的方法数学化，是常用的系统评价方法，在图书馆相关满意度评价研究领域的运用也较为普遍。层次分析法包含建立递阶层次结构模型、构造两两比较判断矩阵、计算判断矩阵的相对权重、一致性检验四个基本计算步骤。

三、德尔菲法

德尔菲法是以古希腊城市德尔菲命名的，规定操作程序的专家调查法。具体而言，首先由组织者基于拟定的问题设计专家调查表，之后通过函件分别向选定的专家组成员征询调查，专家组成员之间通过组织者的反馈材料匿名交流意见，专家意见经过若干轮征询和反馈之后逐渐集中，最后获得具有统计学意义的专家集体意见。德尔菲法能够充分运用专家的知识与智慧，能够促进非结构化问题的有效解决，有利于决策的科学化和民主化，因此在趋势预测、绩效评估等方面具有较好的普适性。

运用德尔菲法需要注意的是，专家群体判断必须满足一致性条件，因此需要经过专家初步意见——统计反馈——意见调整的专家多次交互过程，从而使得分散的专家意见逐步趋于一致，充分发挥了信息反馈和信息控制的作用。但德尔菲法的不足之处在于：①专家可能会将自己的判断向有利于统计结果的方向调整，从而削减专家原有意见的真实性；②缺乏群体见解一致性的判断标准，以及判断专家合成意见信度的有效量度；③专家意见统计过程通常需要经过4至5轮的调查，环节多，周期长，若个别专家坚持己见，可能会使群体意见难以集中，因此实际应用当中会降低专家意见的有效性。因此，需要寻找合理有效的专家意见集成机制和方法，由此避免德尔菲法的不足。

四、变异系数法

变异系数法是统计学领域较为常见的一种客观赋权方法，它通过被评价对象指标的变异程度来确定指标权重，衡量数据差异。在多指标综合评估中，若某项指标在所有被评价对象上观测值的变异程度越大，表明评价对象达到该指标平均水平的难度越大，它可以明确区分各个评价对象在该方面的能力，应该赋予较大的权重；反之，应当赋予较小的权重。如果某项指标的变异程度为零，则表明所有评价对象在该指标上的观测值相等，该指标无评估价值。

在变异程度的方面，通常采用平均数、平均差系数和标准差系数来表示。其中，标准差系数可以消除平均数大小和量纲变化带来的影响。一般而言，运用变异系数法进行评价共有 3 步：①计算各指标的平均数和标准差；②计算各指标的变异系数；③对变异系数进行归一化处理，得到各指标的权重。

五、因子分析法

因子分析法是一种将多个具有相互关系的变量归结为若干个综合因子的多变量统计分析方法。它利用公因子的公式组合来表示样本的整体特征，很大程度上可以说是由权重比例与公共因子相结合而成的线性组合，是一种减低指标维度、发现主因子的关键方法。它根据变量的相关程度进行分组，相关程度高的变量为同组，相关程度低的变量为不同组。每组一个代表基本结构的变量称为公共因子。因此，在研究问题时，可以使用最少个数的公共因子的线性函数与特殊因子之和对每一个分量进行描述。

六、决策导向分析评估法

(一) 方法简介

决策导向分析评估法包含四大模块：背景评估、输入评估、过程评估及结果评估。背景评估运用于活动开始前的准备阶段，主要对活动所处环境的需求、可用资源、面临的机遇与挑战进行分析；输入评估是在背景评估的基础上，全面考虑环境、资源、机遇、挑战等要素，对相关备选方案的优势和劣势进行评估；过程评估是在活动开展过程中对具体实施细节的评估、监督与反馈；结果评估是对活动完成情况所带来影响的评估，考量需求满足情况及其与活动目标之间的差距。

与其他评估方法相比，该评估法有着独特的优点：①操作流程简单，因为四大评估模块之间既有联系又有区别，既可以重点评估某一模块，又可以对四个模块进行整体评估；②评估更为全面，注重过程评估，而不是片面强调评估结果，提倡运用评估促进活动的持续开展；③重视反馈的作用，注重将评估与阅读推广活动紧密结合，实时开展评估反馈，从而及时发现问题，促进活动的良好开展。决策导向分析评估法于 20 世纪 90 年代引入我国图书馆界，之后被广泛运用于教育、医疗、建筑等项目，尤其是可持续优化项目的评估。高校图书馆阅读项目也是需要不断优化的，因此该评估法不失为评估相关活动的良好方法。

（二）案例应用

安徽某学院基于该评估法，构建了包含背景评估、输入评估、过程评估、结果评估4个步骤的高校图书馆阅读推广评估模型。①背景评估。在该评估阶段，可以对已有阅读推广活动相关资料进行调研，从而确定针对现有阅读推广活动的预期目标；了解特定社会环境下阅读推广不同目标人群的个性化需求，以及预测可能出现的机遇与挑战。②输入评估。在阅读推广资料研究与背景评估的基础上，在阅读推广开展前期阶段，对实现目标所需的条件、资源以及各备选方案的相对优势进行评价，从而对相关方案的可行性和有效性进行考量。之后，在阅读推广实施阶段，对目标读者、阅读推广人员等进行相关行为的跟踪记录，如读者参与活动的互动性、对活动表现出的兴趣，推广人员的主动性、创新性、专业能力等。③过程评估。该环节注重对过程实施情况的持续监督，密切关注阅读推广是否如预期进行。适时对推广过程中收集的数据进行分析。值得注意的是，若是在网络上进行的数字图书推广，则需重点收集网络交互平台以及微博、微信最新生成的相关评论或阅读量、转载率等数据。过程评估的反馈功能是高校阅读推广持续优化的有力保障。每次的过程评估都能为下一次阅读推广指明更为清晰的方向，减少人力、物力的不必要浪费，实现高校阅读推广的长期发展。④结果评估。结果评估是对收集的成果性数据进行评估分析。成果性数据包括：学生的活动测试成绩、活动创造成果、借书或购书次数、阅读素养提升情况、阅读技巧掌握情况等。结果评估结束后不但能够得到最终的评估报告，还能服务于日后的阅读推广工作。

在高校图书馆阅读推广评估中，评估类型以评估人员为标准划分为两大类，即馆员评估、读者评估，其内容如表8-1所示。

表8-1　基于决策导向分析评估法的高校图书馆阅读推广评估

项目	评估类型	背景评估	输入评估	过程评估	结果评估
目标	馆员评估	了解读者需求，分析机遇挑战	分析所需条件、资源，制定具体方案	评估读者阅读推广参与状况	评估读者收获
	读者评估	阐述个人阅读需求、活动期望	阐述个人阅读推广建议	评估自身阅读推广参与状况	了解自身提升
方法与过程	馆员评估	数字图书馆交互平台、微信、微博、文件调查、浏览相关资料	浏览相关资料，提出备选方案并进行优势分析	跟踪记录读者的行为数据，产生评估报告，进行反馈	收集活动成果性资料，生成成果报告，进行反馈
	读者评估	数字图书馆交互平台、浏览相关资料、依据前期推广情况进行判断	数字图书馆交互平台、浏览相关资料、依据前期推广情况进行判断	收集自身行为数据，汇总至数据处理平台或馆员	收集自身成果性资料，汇总至数据处理平台或馆员

在具体运用决策导向分析评估法评估时，针对评估目标及方法有不同的要求，具体过程中需加以区分，明确目的并采用相应方法。详情如表8-1所示。

高校图书馆阅读推广评估指标体系是基于决策导向分析评估法设计的。应用该评估法时，背景评估与输入评估常作为反思以及自身完善的工具，因此在设计评估体系时，主要通过过程评估和结果评估两方面对高校图书馆阅读推广进行评估。具体评估指标体系见表8-2。

表8-2　基于决策导向分析评估法的高校图书馆阅读推广指标体系

项目	评估角度	评估涉及内容	主要参与者	评估目标
过程评估	A角度：活动参与	包含参与人数、互动性、资料发放数、宣传力度、购书及借书次数等	馆员	评估阅读推广参与程度
	B角度：交流反馈	包含馆员的积极性、专业素养、后勤保障、活动的内容和形式、整体流程等	馆员、读者	评估活动得失，形成反馈意见
结果	C角度：活动成果	包含阅读素养、阅读技能、阅读兴趣、阅读范围等	读者	评估读者阅读收获

第二节　阅读推广综合评估方法

评估是系统地调查物体的价值或优点，是一项有目标的、有价值的、具有实践性的活动。阅读推广评估的成功和有效开展离不开科学合理的评价标准，例如阅读推广项目目标、实施方法、对读者阅读的影响等。开展阅读项目评估，必须有针对项目目标的考量指标，同时还应当有一系列衡量活动是否成功的评价指标。最基本的项目评价指标必须包括：项目的重要性、活动的新颖性、项目的影响等。此外，还需要注意的是，评估必须完整覆盖整个阅读推广项目，并在项目开始前即设计好。

一、评估相关基本问题

为了了解所投入的人力、时间和资源是否起到良好的作用，有必要从项目目标评估、项目实施评估、项目影响评估等多个方面，设计和思考阅读推广项目的目标完成、开展实施、活动影响等评估相关基本问题（表8-3）。①针对项目目标评估模块，可以设计：是否达到了预期目标、是否做了计划做的事情等问题。②针对项目实施评估模块，需要考虑如何开展阅读推广活动、开展了什么特色活动等问题。③针对项目影响评估模块，需要思考阅读推广开展之后带来的影响等问题。

表8-3 阅读推广评估基本问题

对应指标模块	基本问题
项目目标评估	是否达到了预期目标？是否完成了计划去做的事情？
项目实施评估	阅读推广活动是如何开展的？
	使用了什么？
	从中得到了什么？
	什么起到了作用？什么没有起作用？
	开展了哪些特色活动？
	能够持续使用什么？
项目影响评估	阅读推广开展之后有什么不同？
	谁受益了？

回答好上述各评估模块的基本问题，需要获得充足恰当的依据和信息，为此必须要明确6个基本问题：①需要知道什么信息？例如，回答项目目标评估、项目实施评估、项目影响评估所对应基本问题所需要了解的信息。②信息在哪？谁拥有信息？即相关信息的信息源或信息的拥有者，如阅读推广项目组、阅读活动参与者等。③如何获取信息？即通过何种方式或方法获取信息，如采取问卷调查法、访谈法、案例调研法等。④如何理解信息？即对信息的诠释。⑤如何利用信息？即如何处理和分析信息。⑥如何呈现信息？即通过何种方式展示相关信息。

二、定量与定性分析方法相结合的综合型评估模型

本书提出定量与定性分析方法相结合的综合型评估模型。定量分析方法和定性分析方法是对科学方法论进行划分的两种类型。前者是指用以对研究对象的特征按某种标准作量的比较的方法，其结果一般是某些因素间的经验公式、定律等；后者则是指用以判明研究对象是否具有这种或那种特征的方法，它只对研究对象的性质做出回答，目的在于描述、解释事物并更好地理解所研究问题。科学研究中，定性是定量的基础，定量是定性的精确化，定量科学推论是定性科学推论发展的高级阶段。

本书定义的定量分析方法主要是指通过问卷调查等侧重数量的分析方法，考察阅读推广项目的数量特征、数量关系与数量变化，分析阅读推广项目的目标实现、活动实施、读者影响等相关情况。定性分析方法主要是指通过访谈法、文献分析法、直接观察法等非数量分析法，考察读者、活动项目组、活动合作伙伴等相关人员的实践体验、主观感受及意见建议，分析阅读推广项目的成功之处、不足之处、社会影响等。

定量和定性分析方法的结合对于阅读推广项目评估有着重要的作用，尤其是评估大型、复杂的阅读推广项目。使用混合型评估方法的主要优势在于：①有利于信息互补。标准化的定量信息有助于获得对项目的整体评价，而定性信息则强调文化和环境因素，显现

活动给读者带来的成效，不同信息的结合有助于勾勒出项目评估的整体框架，更好地理解和评价项目的影响。②更有助于从发展的视角构建项目影响评估的指标。对于持续时间较长的阅读推广项目，很有必要了解随着时间改变的评估因素，从而识别和解释相关趋势。③有助于发现项目的实时影响，以及随着时间发展而改变的影响，从而助力阅读推广项目的持续改进。④混合方法强调对项目影响的情景化分析，在评估时综合考虑国家和地区等不同因素，从而有助于诠释社会、文化与环境方面的特点给项目评估带来的影响。

（一）模型特点

定量与定性分析方法相结合的评估模型具有广泛性、持续性和综合性等特点，相关特征如表 8-4 所示。

表 8-4　阅读推广混合型评估模型的特点

阅读推广项目的特点		混合型评估模型的特点	
大型	覆盖面广	广泛性	社会和文化环境
			各类读者观点
			覆盖全校各院系
长期	长期项目	持续性	不同时段活动的实施
			活动发展分析
			定期收集评估数据
	动态、多变		对变化和新项 S 灵活的适应性
复杂	不同的环境	综合性	不同的评估角度
	活动的多样化		不同子项目与计划的分析
	不同的读者		收集和分析不同目标群体的反馈信息

1. 评估模型具有广泛性

需要考虑高校所处的社会和文化环境，包括评估阅读活动不同层次参与者的观点和想法，以及对全校不同院系参与读者的评估。考虑高校所处的社会和文化环境是十分必要的，只有充分考虑了这些因素，才能更好地开展阅读推广评估。评估模型还应该提供整个项目的概览，将阅读推广项目作为一个整体进行分析，而不是由不同环境和读者组成的孤立的项目系列。

2. 评估模型具有持续性

项目开展的持续性要求评估也要具有持续性，因此评估应该采用能够适应时间改变的方法，以及采用演化的视角。评估的持续性意味着需要定期收集评估数据，促进阅读推广项目的持续改善，不断提升项目的影响力。评估是动态的，在项目的整个实施过程中，需要分析其中的变化，监测随着时间变化新开展的活动，这意味着需考虑新的评估目标和评估问题，以及信息收集过程的多样化，包含对环境的变化和对活动新参与者的观察。

3. 评估模型具有综合性

因将描述性分析和结果、影响分析相结合，以及将指标分析和参与者分析相结合，其综合性主要体现在3个方面：①包含对不同层次的、以不同方式参与的读者观点的评估。收集不同参与者不同参与阶段的信息和观点，促进评估的可持续性开展；②使用各种信息源，包括已经存在的信息、评估框架本身产生的信息等；③在不同操作程序中收集和分析信息，无论是通过广泛、定量的方法收集到的信息，还是通过集中、定性的方法收集到的信息。

（二）评估方法

针对项目的设计、执行、实施、结果、影响等各个方面，阅读推广项目评估包含多种分析内容，如国家阅读政策分析、项目分析、项目各方面操作和实行方法分析，以及影响阅读推广项目结果的相关项目分析。评估模型的分析层次不仅包含项目整体，还包含组成项目的各个子项目和计划。就阅读推广评估的具体分析方法而言，如上所述，包含广泛的、定量的评估方法，以及集中的、定性的评估方法两个版块，即使用定量与定性相结合的混合方法鉴定和分析项目的影响与作用，具体包含阅读推广评价问卷调查、阅读习惯问卷调查等定量评估方法，以及文献分析、案例研究、师生调查、项目采访等定性方法。

同时，这些评估方法的相关信息包含广泛的来源，从项目组自身成员到广大参与者，如学生、教师、馆员、家长、团体，以及与阅读推广相关的各种专业人士。表8-5列举了阅读推广评估的主要方法和信息源。

表8-5 阅读推广项目评估方法和信息源

评估方法			信息源
定量分析法	问卷调查法	阅读推广评价问卷调查	师生
		读者阅读习惯问卷调查	学生
	统计分析法		师生
定性分析法	访谈法		师生、馆员
	直接观察法		师生
	文献分析法		项目相关网站、文件、报道
	专家评价法		专家

1. 问卷调查法

读者是阅读推广的目标群体和参与者，是阅读推广活动的关键成员，因此面向读者开展阅读推广问卷调查十分必要。读者问卷调查旨在量化分析师生对阅读推广活动实施情况与总体效果的评价，以及定性了解其对阅读推广项目的主观感受。为方便回收和统计，建议采取现场发放问卷与网络在线填写等虚拟与实体相结合的方式，面向阅读推广活动参与师生、馆员、专家等不同群体开展问卷调查。

为保证对阅读推广项目的全面评价，应从多个角度出发设计调查问卷。具体而言，可以从 5 个模块进行设计：①读者身份、所在院系等个人基本信息；②读者对阅读推广活动实施情况的评价；③读者对项目结果和影响的评价或感受；④项目组为读者提供的阅读支持和指导；⑤读者对阅读推广项目的总体评价。之后，运用统计产品与服务解决方案等统计分析软件对相关数据进行统计分析，以了解不同目标群体对阅读推广整体情况的评价，以及对各系列活动效果的评价。同时，获取相关人员对阅读推广活动的反馈，如对阅读推广活动有效的开展方式、高校学生阅读的有效促进方式等相关意见与建议。

此外，可以动态设计读者阅读习惯问卷，以考察阅读推广活动对读者阅读习惯带来的影响与改变，例如读者阅读动机、图书馆使用情况、图书借阅情况、图书阅读频率、不同阅读方式图书的阅读比率、不同载体图书的阅读比例等方面的前后变化。

2. 统计分析法

统计分析法指通过对研究对象的规模、速度、范围、程度等数量关系的分析研究，认识和揭示事物间的相互关系、变化规律和发展趋势，借以达到对事物的正确解释和预测的一种研究方法。阅读推广项目评估中，通过对活动参与人数、参与读者所在院系、活动数量、活动举办时长等相关数据的统计分析，可以获得一些阅读推广项目效果和结果方面的判断依据。

3. 访谈法

访谈法是定性研究、收集并分析资料的方法之一，通过直接或间接与研究对象进行有目的的交谈，以了解和理解受访者对研究问题的看法。本书定义的访谈法是指通过对读者、馆员、阅读推广活动主办者、项目协调机构、阅读推广领域专家等相关人员的访谈，收集目标群体对阅读推广活动体验和感受方面的信息，了解读者参与项目的程度与方式，听取专家意见和建议等，从而为定性评价项目影响提供第一手信息，为问卷调查相关定量信息的解读提供间接参考。值得注意的是：①采访的目标群体应具多样性，学生、教师、馆员、培训师、专业人士等要均有所覆盖，这些参与人员的观点反应了其参与阅读推广活动的感受，组成了阅读推广评估的重要元素；②将阅读技能和专业技能等因素考虑进来；③制作与项目相适应、针对特定活动及目标群体的采访指南和记录表格，从而更好地面向不同教育层次的读者和各种类型的访谈者开展针对性的采访工作；④注意做好现场录音或记录，若采访者没有其他馆员协助，则建议记下访谈的关键词。

4. 直接观察法

直接观察法是指调查人员亲临现场对调查单位的调查项目进行清点、测定、计量，并加以登记，以取得第一手资料的一种方法。为了减少观察者个人态度、观念与周围环境对观察结果的影响，常常需要借助于录音、录像、照相等工具和设备，以对消费者复杂的行为活动进行完整的记录。

本书定义的直接观察法是指通过对阅读推广活动现场的直接观察，例如，阅读推广活动读者参与情况、互动情况、现场气氛、相关资源使用情况等，直观了解阅读推广活动的现场效果。值得注意的是，需要及时做好阅读推广活动现场的相关记录和摄像工作。

5. 文献分析法

文献分析法是指通过搜集、鉴别、整理某一研究主题的相关文献，并对文献内容进行系统、客观、量化的分析来获取信息，进而形成对事实科学认识的一种研究方法，一般包括确定对象、文献收集、统计分析、得出结论4个步骤。

本书定义的文献分析法是指对高校图书馆阅读推广项目相关网站平台、规划设计、实施报告、项目记录、媒体报道等相关文献和内容进行分析，以此考察阅读推广项目的规划设计、实施开展、读者参与、现场效果、宣传推广等相关情况，在阅读推广项目的前期准备、中期实施、后期效果等方面得出一定结论，为高校图书馆阅读推广项目评估提供参考。

6. 专家评价法

专家评价法是指针对难以采用技术方法进行定量分析的因素，通过匿名的方式征询相关专家的意见，经过多轮意见征询、反馈和调整后，对专家意见进行综合性统计分析，完成对目标对象的评估。该方法易于操作，能够有效地对无法定量的指标进行定性评价。在阅读推广项目评估中，对于阅读推广项目组织者素质等难以定量评价的指标，可以邀请阅读推广领域相关专家基于合适的评价指标为目标对象打分，并可将最终的专家打分平均值作为目标对象的评分。

（三）评估维度与指标

本书基于阅读推广的开展周期，即项目准备—项目实施—项目结果3个发展阶段，从阅读推广项目筹备、阅读推广项目实施、阅读推广项目结果3个模块着手，制订阅读推广项目评估维度与指标，包含阅读推广项目组织者素质、阅读推广规划设计、阅读推广前期宣传、阅读推广平台建设等16个评估维度，对应的细分评估指标共计有29个，涵盖了阅读推广项目——各组成要素、活动组织者——馆员、活动参与者（目标群体）——读者（师生）等多个评价对象。

评估指标上，综合考虑阅读推广项目筹备、阅读推广项目实施、阅读推广项目结果3个模块，制订了有针对性的评估指标。①阅读推广项目筹备评估模块主要考察阅读推广项目前期配备的人力、资源、平台和宣传，旨在评估阅读推广项目的前期筹备情况。具体而言，包含阅读推广项目组织者、阅读推广规划设计、阅读推广前期宣传、阅读推广平台建设、阅读推广活动经费、阅读推广合作单位等6个评估指标。②阅读推广项目实施模块主要观测阅读推广项目实施过程中，系列活动的数量、质量、效果、宣传、读者激励等相关情况，侧重于评价阅读推广的实施情况，包括阅读推广活动质量、阅读推广活动数量、阅读推广活动现场效果、阅读推广活动中期宣传、对阅读推广活动参与读者的激励机制、阅读指导等 6 个评估指标。③阅读推广项目结果模块主要测评阅读推广项目实施后，目标群体相关变化、图书馆资源利用、项目目标完成等基本情况，重在评估阅读推广项目带来的结果与影响。包含目标群体阅读态度的改变、目标群体阅读活动的强化、阅读推广资源利用情况、阅读推广目标完成情况等 4 个评估指标。

评价标准上，为了便于统计以及保证合理的差距，采用 5 分制的评分标准，即突出/非常多为 5 分、优秀/较多为 4 分、良好/多为 3 分、一般为 2 分、不好/很少为 1 分，同时，对于没有/不是的情况，给予 0 分。为了保证评估结果的客观性和公正性，由阅读推广相关评估项目组根据评估指标、评估标准等对相关指标进行打分。

权重选取上，邀请阅读推广领域 5 位专家对阅读推广评估的 29 个指标进行权重判断，最后将 5 位专家权重判断的平均值作为最终的评估权重。最终，阅读推广项目筹备占阅读推广项目评估的 30%，阅读推广项目实施占 40%，阅读推广项目结果占 30%。排在前 5 位的评估维度是：阅读推广活动质量(20%)，阅读推广资源利用情况(10%)，阅读推广规划设计(8%)，目标群体阅读态度的改变(8%)，目标群体阅读活动的强化(8%)；排在前 5 位的评估指标为：是否具有科学、合理、完整的阅读推广项目规划资料(8%)，读者读书兴趣是否增加(8%)，是否具有专业、尽责、敢于创新的阅读推广项目组织者(7%)，读者读书时间是否增加(6%)，阅读推广活动内容是否丰富(5%)，是否通过多种途径对阅读推广活动进行宣传报道(5%)。

评估方法上，对于阅读推广项目组织者素质等需要定性评估的维度和指标，采取专家评价法等评估方法；对于阅读推广规划设计、阅读推广前期宣传等需要阅读文献或文字的指标，采取文献分析法；对于阅读推广活动数量、阅读推广资源利用情况等需要统计分析的评估维度，采用统计分析法；对于读者读书兴趣是否增强、读者读书时间是否增加等需要调研的评估指标，采用问卷调查法；对于活动组织是否流畅、紧凑等需要观察的评估指标，采用直接观察法。

参 考 文 献

［1］袁红玉.高校图书馆心理育人隐性课程研究［M］.长春:吉林大学出版社,2022.01.

［2］王欢.高校图书馆信息资源建设与实践［M］.长春:吉林大学出版社,2022.01.

［3］胡赛.高校图书馆管理与创新实践［M］.沈阳:万卷出版社,2022.01.

［4］李红霞,冀颖,王金英.高校图书馆微服务体系概论［M］.北京:新华出版社,2022.08.

［5］李春溪.高校图书馆文献信息检索探究［M］.重庆:重庆大学出版社,2022.07.

［6］周静.高校图书馆读者服务工作拓展与创新［M］.延吉:延边大学出版社,2022.03.

［7］张舒.全民阅读背景下高校图书馆阅读推广评价体系研究［M］.大连:辽宁师范大学出版社,2022.06.

［8］陈茫,白永生,侯辉.经济管理学术文库面向高校科研创新的图书馆智能服务研究［M］.北京:经济管理出版社,2022.08.

［9］陈长英.高校图书馆创新建设与管理［M］.长春:吉林出版集团股份有限公司,2021.06.

［10］程静,鲁丹,陈金传.技术视角下高校图书馆创新实践［M］.上海:上海社会科学院出版社,2021.04.

［11］舒予.高校图书馆学科服务研究及应用实践［M］.成都:四川大学出版社,2021.07.

［12］郭淑慧.高校图书馆木版年画的资源管理与文献开发［M］.南京:江苏凤凰美术出版社,2021.06.

［13］李敏.大数据环境下高校图书馆知识服务模式研究［M］.北京:机械工业出版社,2021.10.

［14］党跃武.全国高校图书馆服务本科教育教学优秀创新案例［M］.成都:四川大学出版社,2021.12.

［15］云玉芹.新时代高校图书馆社会化服务与创新［M］.长春:吉林人民出版社,2021.06.

［16］杜杨芳.高校图书馆创客空间建设理论与实践［M］.沈阳:东北大学出版社,2021.06.

［17］王利蕊.知识生态图书馆高校图书馆从信息化到知识化的智慧之路［M］.南京:河海大学出版社,2021.10.

［18］王晓艳,郭豪,张会芳.高校图书馆学科服务研究［M］.哈尔滨:东北林业大学出版社,2021.

[19] 刘洋.高校图书馆阅读推广研究[M].北京:中国华侨出版社,2021.12.

[20] 邬明音.高校图书馆情报管理研究与新方法[M].长春:吉林文史出版社,2021.

[21] 王秀文,于丽娜.高校图书馆读者服务于档案管理探索[M].长春:吉林科学技术出版社,2021.08.

[22] 李晓蔚,赵靓,范馨元.坚守与创新高校图书馆发展研究[M].北京:北京工大出版社,2020.06.

[23] 吴漂生.高校图书馆移动阅读服务研究[M].长春:吉林人民出版社,2020.08.

[24] 宫磊.高校图书馆管理与服务创新研究[M].长春:吉林大学出版社,2020.09.

[25] 江莹.基于信息资源建设与读者服务的高校图书馆发展研究[M].长春:吉林大学出版社,2020.01.

[26] 杨永华.智慧时代高校图书馆服务创新与发展研究[M].北京:原子能出版社,2020.03.

[27] 杨灿明.高校智慧图书馆服务创新研究[M].长春:吉林科学技术出版社,2020.11.

[28] 周娜,戴萍.高校智慧图书馆知识服务研究[M].北京:中国国际广播出版社,2020.04.

[29] 王旭.高校图书馆学科服务[M].北京:化学工业出版社,2020.07.

[30] 姜珊.高校图书馆创业服务研究[M].西安:西安出版社,2020.08.

[31] 段琼慧.高校图书馆读者服务研究[M].西安:三秦出版社,2020.06.

[32] 田杰.高校图书馆服务体系研究[M].长春:吉林科学技术出版社,2020.09.

[33] 冀颖,陈秀英.地方高校图书馆文化建设[M].北京:中国经济出版社,2020.09.

[34] 罗钧.江苏省高校图书馆发展编年史[M].南京:南京大学出版社,2020.07.

[35] 黄娜.高校图书馆与学科建设[M].长春:吉林人民出版社,2019.05.

[36] 李明.高校图书馆阅读推广研究[M].北京:朝华出版社,2019.03.

[37] 孔瑞林.高校图书馆阅读推广研究[M].济南:山东教育出版社,2019.06.

[38] 焦青.高校图书馆文化建设研究[M].北京:中国商务出版社,2019.03.

[39] 包华,克非,张璐.高校图书馆信息资源建设[M].北京:中国商务出版社,2019.06.

[40] 刘秀文.高校图书馆专利信息服务研究[M].北京:海洋出版社,2019.09.

[41] 张剑.高校图书馆移动学习支持服务研究[M].大连:辽宁师范大学出版社,2019.06.

[42] 于红,李茂银.高校图书馆管理与服务创新研究[M].长春:吉林人民出版社,2019.09.

[43] 倪燕.高校图书馆新技术与服务创新研究[M].合肥:合肥工业大学出版社,2019.09.

[44] 翟宁.高校图书馆服务与阅读推广研究[M].北京:北京工业大学出版社,2019.11.